新编普通话水平测试指导教程

王浩　代晓冬◎主编

天津大学出版社
TIANJIN UNIVERSITY PRESS

图书在版编目 (CIP) 数据

新编普通话水平测试指导教程 / 王浩，代晓冬主编
. -- 天津 : 天津大学出版社，2023.7
ISBN 978-7-5618-7488-2

Ⅰ. ①新… Ⅱ. ①王… ②代… Ⅲ. ①普通话－水平考试－教材 Ⅳ. ① H102

中国国家版本馆 CIP 数据核字 (2023) 第 097030 号

出版发行　天津大学出版社

地　　址　天津市卫津路 92 号天津大学内（邮编：300072）
电　　话　发行部：022-27403647
网　　址　www.tjupress.com.cn
印　　刷　廊坊市瑞德印刷有限公司
经　　销　全国各地新华书店
开　　本　787mm×1092mm　1/16
印　　张　9.25
字　　数　213 千
版　　次　2023 年 7 月第 1 版
印　　次　2023 年 7 月第 1 次
定　　价　30.00 元

编委会

主　编：王　浩　代晓冬

副主编：王　益　赵修翠

　　　　闵　毅　明　丽

前　言

宪法规定，国家推广全国通用的普通话。普通话是以汉语文授课的各级各类学校的教学用语，是以汉语传送内容的各级广播电台、电视台和汉语电影、电视剧、话剧必须使用的规范用语，是我国党政机关、团体、企事业单位干部在工作中必须使用的公务用语，是不同方言区以及国内不同民族之间人们的交际用语。截至2020年，我国普通话普及率为80.7%（截至2022年），其普及和提高工作还需要通过普通话测试的手段逐步强化。

普通话水平测试是推广普通话工作的重要组成部分，是使推广普通话工作逐步走向制度化、科学化、规范化的重要举措。《中华人民共和国国家通用语言文字法》规定，掌握和使用一定水平的普通话，是进行现代化建设的各行各业人员，特别是播音员、节目主持人、教师、影视话剧演员以及国家机关工作人员必备的职业素质。因此，有必要对上述岗位的从业人员进行普通话水平测试，并逐步实行持等级证书上岗制度。

本书主要面向需要参加普通话水平测试的大学生群体，重点针对西南官话区学生学习普通话时容易出现的问题提出了建议。编委会由国家级和省级普通话水平测试员组成，会聚了众多高校普通话教学和研究的骨干力量，年龄结构上老中青结合，覆盖的学校类型丰富。

全书的编撰具体分工如下：绪论、第一章、第五章由四川轻化工大学王浩博士负责编写；第二章、第七章由四川轻化工大学代晓冬教授负责编写；第三章由重庆科技学院闵毅副教授负责编写；第四章由成都纺织高等专科学校赵修翠副教授负责编写；第六章及附录由四川轻化工大学明丽博士负责编写；第八章由四川轻化工大学王益教授负责编写；最后由王浩负责统稿，代晓冬负责审稿。

希望这部教材的出版，能为我国的普通话推广事业尽一份力量！

本教材编委会

2023年3月

目　录

绪 论

一、普通话

（一）普通话的历史

古代中国没有普通话的概念，但是一直存在跨地域的民族共同语，只是在不同的朝代名称不同，基础方言也有差异。

1. 先秦时期——雅言

据现有文献记载，汉民族共同语的历史可以追溯到春秋时期，那时叫“雅言”。《论语·述而》中记载：“子所雅言，《诗》、《书》、执礼，皆雅言也。”“雅”是正的意思，“雅言”即规范、标准的语言。“雅言”是中国最早的通用语言。中国历代以天子所居王都之音为正，因此当时的雅言很可能是以洛阳为中心的语言。

2. 汉代——通语

汉代共同语叫“通语”。西汉末年扬雄在《輶轩使者绝代语释别国方言》（简称《方言》）中明确提出“通语”的概念。“通语”是相对“方言”而言的，即不是一方一地之言，而是在广大地区通常共同说的词语。例如：“娥、嬿，好也。……好，其通语也。”（《方言》卷一）。说明当时的确有超方言的共同语存在，其基础可能是当时的关中方言“秦语”。

3. 魏晋到宋代——正音

魏晋以后到唐宋未发现汉民族共同语的新名称，但汉族共同语不仅一直存在，而且有所发展，这在魏晋以来大量出现的韵书和韵图中有直接的反映。韵书和韵图在当时也起到了“正音”（规范语音）的作用。魏晋时共同语应当以河洛方言为基础；唐代共同语据推测应以长安或洛阳方言为基础；宋代以汴洛方言为共同语的基础。虽然魏晋到宋代跨越时间较长，各个时期的共同语基础方言不一样，但是语音系统并没有发生大的变化，都是周代一脉相传下来的“洛阳音”，这种共同语主要用于读书时使用，所以又叫读书音。

4. 元代——天下通语

元代的汉民族共同语称为“天下通语”。元代周德清在《中原音韵》中说：“天下通语，则天下尽通，后世易晓。若为市语方言，则虽便捷一时，称快一地，要无以明于天下后世。”周德清的《中原音韵》是根据元杂剧的用韵编写的，书中归纳的语音系统已经相当接近今天的北京话。

5. 明清时期——官话

明清时期,汉民族共同语称为“官话”。“官话”的名称出现在明代中叶。官话经常使用于官场和上层人士而得名,但也广泛通行于南北。正所谓“官”者,公也,“官话者”,公用之话也。元明清三代,除明初很短一段时期外,北京一直是中国的政治、经济、文化中心,北京话的影响逐渐增大,地位日益重要,作为公用的口语日渐通行。

6. 民国时期——国语

民国初年,随着国语运动兴起,“国语”逐渐替代“官话”,成为汉民族共同语通用的称法,“官话”逐渐成为汉语北方方言的统称。五四运动之后,经过关于“京国问题”(以“北京语音”——京音,还是“综合音系”——国音,作为共同语的标准)的大讨论,前辈们最终确定北京话为国语的基础方言。

7. 中华人民共和国——普通话

新中国用“普通话”的名称代替了“国语”的名称,并于 1955 年召开了全国文字改革会议和现代汉语规范问题学术会议,分别从语音、词汇、语法三方面对普通话的定义进行了规定:以北京语音为标准音,以北方话为基础方言,以典范的现代白话文著作为语法规范。

(二)汉语方言

我国幅员辽阔、人口众多,就汉语而言,分为七大方言区(也有八大方言区或十大方言区的说法),不同方言之间的口语发音差异巨大。七大方言分别为:北方方言(官话)、客家方言(客家话)、吴方言(吴语)、粤方言(粤语)、湘方言(湘语)、闽方言(闽语)、赣方言(赣语)。

1. 北方方言(官话)

北方方言是以北京话为基础定义的北方部分语言的统称,它通行于长江以北各省的汉族地区(除山西);长江下游镇江(除丹阳、丹徒)、南京北部及皖南部分沿江地带;湖北省除东南角以外的全部地区;广西壮族自治区北部和湖南省西北角地区;云南、四川、贵州三省少数民族区域以外的全部汉族地区。

2. 客家方言(客家话)

客家方言是汉族客家民系的母语,汉族客家民系包括粤东客家人、东江水源人、粤西 - 桂南涯人、四川客家人、香港客家人、台湾客家人等,分布区域非常广泛,遍及中国东南沿海,南部、西部等省份,香港新界北区,台湾等地。

3. 吴方言(吴语)

吴方言又称江浙话或江南话,是我国东南省份一些地方的方言,通行于今浙江、江苏南部、上海、安徽南部、江西东北部、福建浦城等地。

4. 粤方言(粤语)

粤方言又称粤语,俗称广东话,以珠江三角洲为分布中心,在广东、广西、海南、香港、澳门等地广泛使用。

5. 湘方言（湘语）

湘方言又称湖南话，是生活在湘江流域及其支系一带湖湘民系使用的主要语言。使用人口主要分布在湖南省的大部分地区，包括长沙、株洲、湘潭、岳阳、益阳、娄底、衡阳、邵阳、永州等地。

6. 闽方言（闽语）

闽方言又称闽语，是汉语七大方言中语言现象最复杂、内部分歧最大的一种方言。主要分布地为福建、台湾、海南、浙江南部、广东东部，以及江西、广西、江苏的个别地区。

7. 赣方言（赣语）

赣方言又称江西话，使用人口主要分布在江西赣江中下游、抚河流域、鄱阳湖流域及其周边、湘东和闽西北、皖西南、鄂东南和湘西南等地区，另外在浙江、陕西还有少数赣语方言岛。

（三）普通话的学习

1. 除去障碍，提高认识

方言区的人学习普通话，常常会产生一些思想或心理障碍。例如某个音念走了样，顿觉难为情，从此失去勇气；某个音多念几遍仍不标准便自认不是这块料，产生畏难情绪；或者因为说家乡话左右逢源，讲普通话缺词少语，似乎家乡话优于普通话，所以认为学不学或讲不讲普通话无所谓。这些思想障碍对学习普通话有害无益。要学好普通话，必须除去障碍，提高认识，下定决心，认真学习，鼓足勇气，大胆实践。

2. 找准难点，注意方法

学习普通话，语音、词汇、语法三方面都要学。但是拿方言与普通话相比较，差异最大的是语音。因此学习普通话的困难主要在语音方面。语音上的困难又主要表现在两个方面：一是发音上的困难，即普通话里有方言里没有的音，不会发或发不好；二是正音困难，即记不住或分不清某些字词的普通话读音，因而不能纠正其方音，改读出正确的普通话语音。

要克服发音上的困难，就要学习一些普通话语音知识。例如，普通话里的鼻音 n 和边音 l，许多方言区都不区分音位，发准它们比较困难，这时可以通过普通话语音知识，逐一找准它们的发音部位和发音方法（有教师示范或能听录音更好），从而学会它们的发音。以语音知识、发音原理指导发音，既准确又省力，可以取得事半功倍的效果。能把普通话声母、韵母的每个音都发准，找准声调，就算克服了发音困难，具备了普通话的发音能力。记录普通话语音音系有一套专门的符号，这就是汉语拼音方案。它是学习和推广普通话必不可少的有效工具，应当熟练掌握和运用这套符号，为学习普通话服务。

要克服正音的困难，需要记忆、分辨一些字词的读音。例如学会了普通话“n”这个音后，在遇上“牛”这个字时就能记得住、分得清它是鼻音“n”，而不是边音“l”声母，就能正音。倘若记不住“牛”是鼻音“n”声母，仍按方言音念作“l”，与“n”混读，就不能正音。记忆、分辨字词的读音是一件艰苦而细致的事情，需要逐渐积累，讲究方法。通常，找出方言与普通话的对应规律、声旁类推、记少不记多、列辨音字表、编辨音字歌诀等都不失为记忆、分辨字词读音的好方法。它们既减少了死记硬背的苦恼，又能够做到事半功倍。一般来说，能准确读出三千常用字的普通话音，才算得上基本掌握了普通话语音。

3. 多听多说，刻苦训练

普通话是口耳之学，最终目的是要能听、说标准的普通话。要改变多年养成的方音听、说习惯，重新学习一种新的听、说技能，不是一件容易的事。除了系统的理论知识学习外，还必须多听多说，刻苦训练。多听，也就是要多听广播影视中的标准普通话，它可以培养我们的语感，以增强说普通话的能力；多说，就是要在公共场合尽可能地开口说普通话。只有开口说了，才能不断消除“口不从心”的现象，才能不断提高说普通话的质量。此外，本书里大量的训练材料可作为训练依据。

二、普通话水平测试

（一）普通话水平测试的性质、目的、内容和范围

1. 普通话水平测试的性质

普通话水平测试（PSC：Putonghua Shuiping Ceshi）是我国为加快共同语普及进程、提高全社会普通话水平而设置的一种语言口语测试，全部测试内容均以口头方式进行。普通话水平测试不是口才的评定，而是对应试人在运用普通话进行口语表达过程中所表现出的语音、词汇、语法等使用规范程度的测查和评定，是汉语标准语测试。

2. 普通话水平测试的目的

普通话水平测试的目的，一方面是以普通话语音、词汇、语法规范（按普通话水平等级标准一级甲等设定）为参照标准，通过测试评定应试人普通话水平所达到的等级，为对普通话水平有要求的岗位逐步实行持证上岗制度服务；另一方面是更深入地推动普通话普及，促进汉语规范发展，从而提高全体人民的语言素质。

3. 普通话水平测试的内容和范围

普通话水平测试的内容包括普通话语音、词汇和语法。

普通话水平测试的范围是国家测试机构编制的《普通话水平测试用普通话词语表》《普通话水平测试用普通话与方言词语对照表》《普通话水平测试用普通话与方言常见语法差异对照表》《普通话水平测试用朗读作品》《普通话水平测试用话题》等资料。

（二）普通话水平测试等级标准

国家语言文字工作部门发布的《普通话水平测试等级标准》是确定应试人普通

话水平等级的依据。测试机构根据应试人的测试成绩确定其普通话水平等级，由省、自治区、直辖市以上语言文字工作部门颁发相应的普通话水平测试等级证书。

普通话水平划分为三级六等，具体标准如下。

1. 一级

甲等：朗读和自由交谈时，语音标准，语汇、语法正确无误，语调自然，表达流畅。测试总失分率在 3% 以内（97 分及其以上）。

乙等：朗读和自由交谈时，语音标准，语汇、语法正确无误，语调自然，表达流畅。偶然有字音、字调失误。测试总失分率在 8% 以内（92~96.99 分）。

2. 二级

甲等：朗读和自由交谈时，声韵调发音基本标准，语调自然，表达流畅。少数难点音（平翘舌音、前后鼻尾音、边鼻音等）有时出现失误。语汇、语法极少有误。测试总失分率在 13% 以内（87~91.99 分）。

乙等：朗读和自由交谈时，个别调值不准，声韵母发音有不到位现象。难点音（平翘舌音、前后鼻尾音、边鼻音、fu – hu、z – zh –j、送气不送气、i– ü 不分、保留浊塞音、浊塞擦音、丢介音、复韵母单音化等）失误较多。方言语调不明显，有使用方言词、方言语法的情况。测试总失分率在 20% 以内（80~86.99 分）。

3. 三级

甲等：朗读和自由交谈时，声韵母发音失误较多，难点音超出常见范围，声调调值多不准。方言语调明显。语汇、语法有失误。测试总失分率在 30% 以内（70~79.99 分）。

乙等：朗读和自由交谈时，声韵调发音失误多，方音特征突出。方言语调明显。语汇、语法失误较多。外地人听其谈话有听不懂的情况。测试总失分率在 40% 以内（60~69.99 分）。

测试成绩由省级测试机构或国家测试机构认定发布。

测试成绩在一级乙等及以下的，由省级测试机构认定，具体实施办法由国家测试机构另行规定。

测试成绩达到一级甲等的，由省级测试机构复审后提交国家测试机构认定。

（三）普通话水平测试的对象及其要求

1. 普通话水平测试的对象

根据国家颁布的《普通话水平测试实施办法》规定，应接受普通话水平测试的人员为：

（1）教师和申请教师资格的人员；

（2）广播电台、电视台的播音员、节目主持人；

（3）影视话剧演员；

（4）国家机关工作人员；

（5）师范类专业、播音与主持艺术专业、影视话剧表演专业以及其他与口语表达密切相关专业的学生；

（6）行业主管部门规定的其他应该接受测试的人员；

（7）社会其他人员可自愿申请接受测试。

2. 普通话水平测试对象的等级要求

现阶段对一些岗位和专业人员的普通话等级要求为：

（1）国家级和省级电台、电视台的播音员、节目主持人应达到一级甲等，其他电台、电视台的播音员、节目主持人不低于一级乙等；

（2）一般教师不低于二级乙等，语文教师和对外汉语教学教师不低于二级甲等，普通话教师和语音教师不低于一级乙等；

（3）国家公务员不低于三级甲等；

（4）电影、话剧、广播剧、电视剧等表演、配音人员，播音、主持人专业和电影、话剧表演专业的教师和毕业生，普通话水平必须达到一级；

（5）其他应当接受普通话水平测试的人员如律师、医护人员、导游员、讲解员、公共服务行业的营业员等，其达标等级可根据不同地区、不同行业特点由省级语言文字工作委员会确定。

三、计算机辅助普通话测试

（一）试卷构成和评分标准

普通话水平测试采用计算机辅助测试（简称机辅测试）。用于测试的计算机应安装全国统一的测试系统，并配备话筒、耳机、摄像头等必要的设施设备。测试试卷依照《普通话水平测试大纲》编制，通常为 4 个组成部分，满分为 100 分。前三题由计算机直接判分，第四题由测试员人工判分。测试成绩评定的基本依据是《普通话水平测试大纲》和《计算机辅助普通话水平测试评分试行办法》。

1. 读单音节字词 100 个（不含轻声、儿化音节，限时 3.5 分钟，共 10 分）

（1）目的：检测应试人在声母、韵母、声调读音方面的标准程度。

（2）要求：

① 100 个音节中，70% 选自《普通话水平测试用普通话词语表》“表一”，30% 选自“表二”；

② 100 个音节中，每个声母出现次数一般不少于 3 次，方言里缺少的或容易混淆的酌量增加 1~2 次；每个韵母出现次数一般不少于 2 次，4 个声调出现次数大致均衡；

③音节的排列要避免同一测试要素连续出现。

（3）评分：

①语音错误，每个音节扣 0.1 分；

②语音缺陷，每个音节扣 0.05 分。

2. 读多音节词语 100 个(限时 2.5 分钟,共 20 分)

(1)目的:检测应试人在声母、韵母、声调和变调、轻声、儿化读音方面的标准程度。

(2)要求:

①词语的 70% 选自《普通话水平测试用普通话词语表》“表一”,30% 选自“表二”;

②声母、韵母、声调出现的次数与读单音节字词的要求相同;

③上声与上声相连的词语不少于 3 个,上声与非上声相连的词语不少于 4 个,轻声不少于 3 个,儿化不少于 4 个(应为不同的儿化韵母);

④词语的排列要避免同一测试要素连续出现。

(3)评分:

①语音错误,每个音节扣 0.2 分;

②语音缺陷,每个音节扣 0.1 分。

3. 朗读短文(1 篇,400 个音节,限时 4 分钟,共 30 分)

(1)目的:检测应试人使用普通话朗读书面材料的水平。在检测声母、韵母、声调读音标准程度的同时,重点考查语音、连读音变(上声、一、不)、停连、语调以及流畅程度。

(2)要求:

①短文从《普通话水平测试用朗读作品》中选取;

②评分以朗读作品的前 400 个音节(不含标点符号和括注的音节)为限。

(3)评分:

①每错 1 个音节(含错读、漏读和增读)扣 0.1 分;

②声母或韵母的系统性语音缺陷,视程度扣 0.5 分、1 分;

③语调偏误,视程度扣 0.5 分、1 分、2 分;

④停连不当,视程度扣 0.5 分、1 分、2 分;

⑤朗读不流畅(含回读),视程度扣 0.5 分、1 分、2 分。

4. 命题说话(限时 3 分钟,共 40 分)

(1)目的:检测应试人在无文字凭借的情况下说普通话的水平,重点考查语音标准程度、词汇语法规范程度和自然流畅程度。

(2)要求:说话话题从《普通话水平测试用话题》中选取,由应试人从给定的两个话题中选定 1 个话题,连续说一段话。

(3)评分:

①语音标准程度,共 25 分。分六档:

一档:语音标准,或极少有失误,扣 0 分、1 分、2 分;

二档:语音错误在 10 次以下,有方音但不明显,扣 3 分、4 分;

三档:语音错误在 10 次以下,但方音比较明显,或语音错误在 10~15 次之间,有方音但不明显,扣 5 分、6 分;

四档:语音错误在 10~15 次之间,方音比较明显,扣 7 分、8 分;

五档：语音错误超过 15 次，方音明显，扣 9 分、10 分、11 分；

六档：语音错误多，方音重，扣 12 分、13 分、14 分。

②词汇语法规范程度，共 10 分。分三档：

一档：词汇、语法规范，不扣分；

二档：词汇、语法偶有不规范的情况，扣 1 分、2 分；

三档：词汇、语法屡有不规范的情况，扣 3 分、4 分。

③自然流畅程度，共 5 分。分三档：

一档：语言自然流畅，不扣分；

二档：语言基本流畅，口语化较差，有背稿子的表现，扣 0.5 分、1 分；

三档：语言不连贯，语调生硬，扣 2 分、3 分。

④说话不足 3 分钟，酌情扣分。

（二）普通话水平测试程序

应试者根据自己的职业或身份情况到相应的语委机构或普通话水平测试中心报考相应的等级。经核准后，应试者在规定的日期内，凭本人的准考证和身份证，进入指定的考场。迟到 30 分钟以上者，原则上应取消当次测试资格。

应试人报到后应服从现场考务人员安排。首先进行身份认证和指纹、电子照片采集，进入测试室时，不得携带手机等各类具有无线通信、拍摄、录音、查询等功能的设备，不得携带任何参考资料。

进入考场后对号入座，点“下一步”后登录。每一批次的所有人登录后，统一由老师发送试卷到每台电脑。然后戴上耳机，耳机话筒调整到离嘴近一点，试音前有提示需要读一段屏幕上的内容，如“我叫某某，我的准考证号是 ××××××”。这时参加测试人员要注意其右手对面屏幕上有个黑色的方框，方框内显示输入音量的大小，注意音量浮动范围要在方框内录音才能成功。正式开始测试的时候也需注意适当调整输入音量的大小，试音成功后电脑会显示“试音成功”，如果显示“试音失败”，需要再次点“确定”试音。同一批次的所有人试音成功后才能开始测试。

正式测试是按照四项内容先后进行测试：100 个单音节字词、50 个多音节词语、作品朗读、命题说话。每一题测试人员如果提前在规定时间前读完测试内容，可以点“下一题”进入后一题测试，测试内容全程录音，最后一题时间到 3 分钟时自动结束，同一批次的所有测试人员全部结束测试后方可离开座位。

（三）如何准备普通话测试

准备参加普通话水平测试的人来自不同地域，在发音上有不同的特点，以下几点可以帮助测试者提高测试成绩。

首先，要行动起来。准备一本规范的普通话练习书，最好选择正版的普通话教材。这样能快速有效地发现自己的语音问题，并重点解决。很多人拿到成绩后非常困惑，因为许多二乙、三甲等级的人认为自己的普通话很好，不应该是这个分数。可是，他们没有发现自己就连一些最基本的声母、韵母和声调都没发准确，更不用说语音流变的知识了。

其次，针对语音缺陷进行大量的练习，在练习的时候需要对标准普通话进行模仿学习，比如新闻联播主持人的发音。

最后，要掌握好普通话和方言的词汇、语法的区别。需要在平时多观察，注意积累。

第一章　声母基础及训练

一、声母的基础知识

（一）声母的概念

音节开头的辅音，我们称之为声母，声母与韵母一起构成一个完整的音节。普通话里一共有 21 个辅音可做声母，具有辨义作用。

普通话里有的音节开头没有辅音声母，我们习惯上把它们的声母叫作"零声母"，把这样的音节叫作"零声母音节"。如"矮"ǎi、"安"ān、"欧"ōu 等。

总体上来讲，普通话里共有 22 个声母，其中有 21 个是辅音，还有 1 个是"零声母"。

（二）声母的分类

1. 按发音部位分类

发音部位是指发辅音时，气流受到阻碍的部位。

普通话里有 21 个辅音声母，根据发音部位的不同分成七大类。如图 1.1 所示。

（1）双唇音：是指发音时，上唇和下唇闭合，形成阻碍，有 b、p、m 三个音。

（2）唇齿音：是指发音时，由上齿和下唇内缘轻轻接触形成阻碍，仅有 f 一个音。

（3）舌尖前音：是指发音时，由舌尖和上门齿背接触或接近形成阻碍，有 z、c、s 三个音。

（4）舌尖中音：是指由舌尖和上齿龈接触形成阻碍，有 d、t、n、l 四个音。

（5）舌尖后音：是指由舌尖与硬腭前端接触或接近形成阻碍，通常又被称为翘舌音，有 zh、ch、sh、r 四个音。

（6）舌面音：是指舌尖下垂在下门齿背后，由舌面和硬腭前部接触或接近形成阻碍，有 j、q、x 三个音。

（7）舌根音：由舌根（即舌面后部）与软腭接触或接近，形成阻碍，它们是 g、k、h。

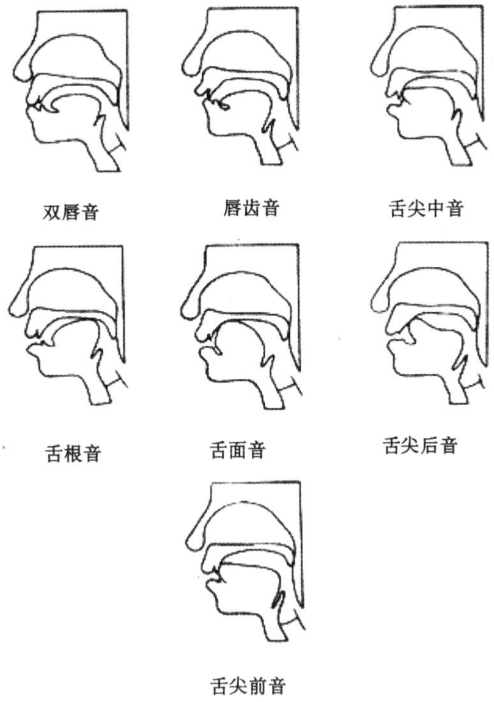

图 1.1　辅音声母分类

2. 按发音方法分类

发音方法就是指这个辅音是怎样发出来的，包括气流透出过程中构成阻碍和克服阻碍的方式、气流的强弱以及声带是否颤动等。普通话辅音声母的发音方法可以从以下三个方面来分析。

（1）根据构成阻碍和克服阻碍的方式不同，普通话辅音声母可以分为塞音、擦音、塞擦音、边音和鼻音五类。

塞音：发音时，构成阻碍的两个部位完全闭塞，阻住气流，然后突然打开，让气流爆破成声，它们是 b、p、d、t、g、k。

擦音：发音时，构成阻碍的两个部位接近后形成窄缝，气流从窄缝中间摩擦出来成声，它们是 f、h、x、sh、s、r。

塞擦音：发音时，构成阻碍的两个部位完全闭塞，阻住气流，然后略微打开，形成一条窄缝，气流从窄缝中摩擦出来成声，它们是 z、c、zh、ch、j、q。

鼻音：发音时，构成阻碍的两个部位完全闭塞，软腭下垂，关闭口腔通路，打开鼻腔通路，声带颤动，气流从鼻腔中出来成声，它们是 m、n。

边音：发音时，舌尖和上齿龈稍后的部位接触构成阻碍，阻住气流，软腭上升，关闭鼻腔通路，打开口腔通路，使气流沿舌的两边从口腔中出来成声，只有一个边音 l。

（2）根据发音时声带是否颤动，普通话辅音声母可分为清音和浊音两大类。

清音：是指发音时声带不颤动的辅音，它们是 b、p、f、z、c、s、d、t、zh、ch、sh、j、q、x、g、k、h。

浊音：是指发音时声带颤动的辅音，它们是 m、n、l、r。

(3)根据发音时透出气流的强弱,普通话辅音声母可分为送气音和不送气音两类。

送气音:是指发音时从口腔中透出较强气流的辅音,它们是 p、t、k、q、ch、c。

不送气音:是指发音时从口腔中透出较弱气流的辅音,它们是 b、d、g、j、zh、z。

普通话中只有塞音和塞擦音能够区分送气音与不送气音。

普通话声母表如表 1.1 所示。

表 1.1　普通话声母表

发音方法			发音部位						
			双唇音	唇齿音	舌尖前音	舌尖中音	舌尖后音	舌面音	舌根音
			上唇	上齿	上齿背	上齿龈	硬腭前部	硬腭前部	软腭
			下唇	下唇	舌尖	舌尖	舌尖	舌面前	舌面后部
塞音	清	不送气	b			d			g
	清	送气	p			t			k
擦音	清	清		f	s		sh	x	h
	浊	浊					r		
塞擦音	清	不送气			z		zh	j	
	清	送气			c		ch	q	
鼻音	浊		m			n			
边音	浊					l			

二、声母发音要领

(一)声母的发音

1. 双唇音 b、p、m 的发音要领

b:双唇不送气清塞音。发音时,双唇完全闭塞,双唇中间用力,然后突然打开,冲出较弱气流,爆破成声。

发音例字:冰 bīng　薄 báo　裱 biǎo　伴 bàn

p:双唇送气清塞音。发音时,双唇完全闭塞,双唇中部用力,然后突然打开,冲出较强气流,然后爆破成声。

发音例字:泼 pō　葡 pú　脾 pí　帕 pà

m:双唇浊鼻音。发音时,双唇完全闭塞,软腭下垂,打开鼻腔通路,关闭口腔通路,气流从鼻腔透出成声,声带颤动。

发音例字:吗 mā　明 míng　每 měi　漫 màn

2. 唇齿音 f 的发音要领

f：唇齿清擦音。发音时，上齿与下唇内缘接触，气流从唇齿缝之间摩擦出来成声。

发音例字：非 fēi　幅 fú　粉 fěn　费 fèi

3. 舌尖前音 z、c、s 的发音要领

z：舌尖前不送气清塞擦音。发音时，舌尖平伸，抵住上齿背，较弱气流冲开一条窄缝摩擦出来成声，声带不颤动。

发音例字：曾 zēng　砸 zá　枣 zǎo　粽 zòng

c：舌尖前送气清塞擦音。发音时，舌尖平伸，抵住上齿背，较强气流冲开一条窄缝摩擦出来成声，声带不颤动。

发音例字：猜 cāi　残 cán　彩 cǎi　刺 cì

s：舌尖前清擦音。发音时，舌尖平伸，接近上齿背，形成间隙，气流从中摩擦出来成声，声带不颤动。

发音例字：斯 sī　随 suí　扫 sǎo　瑟 sè

4. 舌尖中音 d、t、n、l 的发音要领

d：舌尖中不送气清塞音。发音时，舌尖抵住上齿龈，阻住气流，软腭上升，关闭鼻腔通路，气流到达口腔后蓄气，然后突然解除阻塞透出较弱气流成声。

发音例字：东 dōng　碟 dié　朵 duǒ　定 dìng

t：舌尖中送气清塞音。发音时，舌尖抵住上齿龈，阻住气流，软腭上升，关闭鼻腔通路，气流到达口腔后蓄气，然后突然解除阻塞，透出较强气流成声。

发音例字：滩 tān　囤 tún　桶 tǒng　泰 tài

n：舌尖中浊鼻音。发音时，舌尖抵住上齿龈，软腭下垂，关闭口腔通路，打开鼻腔通路，气流从鼻腔透出成声，声带颤动。

发音例字：囡 nān　挠 náo　努 nǔ　怒 nù

l：舌尖中浊边音。发音时，舌尖抵住上齿龈，软腭上升，打开口腔通路，关闭鼻腔通路，气流从舌前部两边出来成声，声带颤动。

发音例字：啦 lā　劳 láo　懒 lǎn　历 lì

5. 舌尖后音 zh、ch、sh、r 的发音要领

zh：舌尖后不送气清塞擦音。发音时，舌尖翘起，抵住硬腭前部，让较弱气流冲开一条窄缝摩擦出来成声，声带不颤动。

发音例字：只 zhī　哲 zhé　斩 zhǎn　志 zhì

ch：舌尖后送气清塞擦音。发音时，舌尖翘起，抵住硬腭前部，让较强气流冲开一条窄缝摩擦出来成声，声带不颤动。

发音例字：超 chāo　晨 chén　产 chǎn　赤 chì

sh：舌尖后清擦音。发音时，舌尖翘起，靠近硬腭前部，中间留有一条窄缝，让气流摩擦出来成声，声带不颤动。

发音例字：删 shān　勺 sháo　沈 shěn　事 shì

r：舌尖后浊擦音。发音时，舌尖翘起，靠近硬腭前部，形成一条窄缝，气流从中摩擦出来成声，声带颤动。

发音例字：扔 rēng　仍 rén　软 ruǎn　如 rú

6. 舌面音 j、q、x 的发音要领

j：舌面不送气清塞擦音。发音时，舌面前部抬起来接触硬腭前端，舌尖抵住下齿背，让较弱气流冲开一条窄缝摩擦出来成声，声带不颤动。

发音例字：鸡 jī　洁 jié　奖 jiǎng　建 jiàn

q：舌面送气清塞擦音。发音时，舌面前部抬起接触硬腭前端，舌尖抵住下齿背，让较强气流冲开一条窄缝摩擦出来成声，声带不颤动。

发音例字：七 qī　情 qíng　巧 qiǎo　欠 qiàn

x：舌面清擦音。发音时，舌面前部抬起接近硬腭前端，形成一条窄缝，让气流摩擦出来成声，声带不颤动。

发音例字：西 xī　瑕 xiá　雪 xuě　旭 xù

7. 舌根音 g、k、h 的发音要领

g：舌根不送气清塞音。发音时，舌根抬高，抵住软腭，阻住气流，然后突然打开，让较弱气流冲出成声，声带不颤动。

发音例字：哥 gē　革 gé　稿 gǎo　购 gòu

k：舌根送气清塞音。

发音时，舌根抬高，抵住软腭，阻住气流然后突然打开，让较强气流冲出成声，声带不颤动。

发音例字：科 kē　壳 ké　渴 kě　课 kè

h：舌根清擦音。发音时，舌根抬高，靠近软腭，中间形成窄缝，气流从中摩擦出来成声，声带不颤动。

发音例字：嘿 hēi　活 huó　狠 hěn　号 hào

8. 零声母的发音要领

普通话每个音节都可以分析成声母和韵母两个部分，每个汉字字音结构也都由声母、韵母、声调三个部分构成。没有辅音声母的音节称为零声母音节。如：ān（安），ǎo（袄）等。零声母也是一种声母。零声母的“零”不等于“没有”，它占有一个位置，只不过这个位置是个“虚位”。

汉语拼音方案的声母表里没有设计出字母来表示零声母，但韵母表中规定了隔音字母 y、w 的用法（y、w 与纯粹起隔音作用的隔音符号有区别，它不仅起分隔音节的作用，也表示一定的实际读音）。目前，小学拼音教学把它们当声母教，其实就是在 21 个辅音声母之外加上了零声母。

普通话中零声母可以分为两类，一类是开口呼零声母，一类是非开口呼零声母，即除开口呼之外的齐齿呼、合口呼、撮口呼三种零声母。

开口呼零声母没有拼音字母表示。齐齿呼和撮口呼零声母音节用汉语拼音表示，是以隔音字母 y 开头，实际发音都带有轻微摩擦；合口呼零声母音节用汉语拼音表示，是以隔音字母 w 开头，实际发音也带有轻微摩擦。

（二）声母易错问题辨析

1. 双唇音 b、p、m 的易错问题

（1）发双唇音时裹唇。

纠正方法：发音时双唇内缘接触，人中下方双唇用力发音。

（2）发 m 音时，或口腔没有完全闭合，部分气流从口腔出来，鼻音色彩不浓；或声带颤动较弱，听感上声音比较偏后、偏高，浊音色彩不够。

纠正方法：发 m 音时，一定要双唇紧闭，关闭口腔通路，软腭下垂，声带要颤动，让气流完全从鼻腔里出来。

2. 唇齿音 f 的易错问题

（1）上齿咬住下唇发音。

纠正方法：发 f 音时，上门齿和下唇内缘轻轻接触发音。

（2）把 f 发成 h。

纠正方法：就发音特点而言，普通话声母 h 与 f 的发音方法相同，都是擦音，只是发音部位不同。f 是唇齿音，发音时是由上齿和下唇内缘接触，注意舌面后部不要抬高，同时唇形拢圆；h 是舌根音，发音时是舌根与软腭接近，要避免下唇和上齿接触。所以要发准 f 音，必须使用上门齿和下唇内缘，不要让舌面后部（舌根）参与发音。

3. 舌尖前音 z、c、s 的易错问题

（1）有人发这组音时发音部位靠后，带上了翘舌音的色彩。

纠正方法：要找准部位，舌尖平放于上齿背发音，控制舌尖不要抬起，不用舌尖两边发音且舌两边不要往上翻卷。

（2）极个别人把平舌音发成齿间音，让人觉得发音者舌头有毛病。

纠正方法：舌体略后缩，舌尖两边不能翻卷，平放于上齿龈处发音，照镜子时发音者不能见到舌尖置于上下门齿之间才对。

4. 舌尖中音 d、t 的易错问题

多数人能念准 d、t 的本音，但 d、t 的呼读音很难发准，主要是 e 的发音靠前。

纠正方法：参见韵母 e 的发音要领，练习 de、te。

5. 舌尖中音 n、l 的易错问题

（1）发不出 n，把 n 念成 l。少数地区没有 n 声母，普遍把 n 念成零声母，“牛（niú）”读成“yóu”，“娘（niáng）”读成“yáng”，“女（nǚ）”读成“yǔ”等。有些方言是没有 n 声母的，有些则是 n 和 l 混淆的，故发 n 音很困难，但只要掌握了 n 音的发音要领，发准这个声母也不难。

纠正方法：发 n 时，舌尖抵住上齿龈，闭口，先从鼻腔里哼出一个“嗯”音，然后打开口腔发出 nē，学会发鼻间 n 音以后再减少“嗯”音；也可采用捏鼻体验法，即用手捏住鼻子发 n 音，若发出的 n 音正确，则能感觉到鼻腔内较强的共鸣并伴有耳鸣。还可采用前鼻音韵母引导发音训练，如：安娜 ānnà，看哪 kànna。

（2）鼻音过重，在带声母 n 的音节中，有人为突出 n 音而把韵母中的元音也给

鼻化了。

纠正方法：意识上必须明确 n 声母的本音虽是鼻音，但它后面的元音不能鼻化，并且带 n 声母的音节只有开头发音的瞬间带鼻音，可采取适当延长 n 音与韵母的发音时值的办法，做音节的慢速发音练习，发到元音（尤其是主要元音）时，捏住鼻翼不让声音透进鼻腔。做这种训练时最好选非鼻音尾韵音节，如：拿 ná，奈 nài，内 nèi，脑 nǎo 等。

（3）l 音鼻化。有的人在发 l 音时，软腭上提不够，没有将鼻腔通道完全关闭，有气流从鼻腔出来，使 l 音带有鼻音色彩；还有部分方言区，将声母 l 与 i、ü 或 i、ü 领头的韵母构成的字音念成了舌面鼻音作声母。

纠正方法：要发准 l，最好先学会弹动舌尖。发 l 时舌尖微卷，舌尖不抵满硬腭前部（比发 n 音时靠后），然后咧开嘴，舌尖从上往下弹动发音，可连续发“拉……”或“来……”“乐……”等练习。也可捏住鼻翼咧开嘴弹动舌尖发 l，意念上声音从下门齿出来。要注意，若 l 音鼻化后，可见到发音者鼻子微微张开的动作，发音者也能感到鼻孔里有气息送出。

6. 舌尖后音 zh、ch、sh 的易错问题

（1）发音部位靠前，听起来有点像平舌音。

纠正方法：发音时，注意舌尖不要对着上齿龈发音，舌尖稍稍后缩，舌尖前部上举，舌尖接触（zh、ch）或接近（sh）硬腭的最前端即可。

（2）发音部位靠后，听起来有点像卷舌音。

纠正方法：发音时，舌尖不要过于后卷，牙齿接触硬腭的面积不应过大，而应舌头前部上举、舌尖接触或接近硬腭最前端发音。

（3）发音时，舌头肌肉较紧，常伴有拢唇的动作。

纠正方法：发音时，要使舌尖轻巧地接触或接近硬腭最前端，舌肌放松，不紧张。

（4）发音时，口腔未打开，声音包在口腔里或鼻化。

纠正方法：口腔自然张开，舌头前部上举，舌尖抵住硬腭最前端，同时软腭上升，关闭鼻腔通路发音即可。

（5）有的人发 ch、sh 音时有较强的“师师”声，听起来像哨音。

纠正方法：在解除阻碍、让气流从窄缝中透出时，摩擦用力不能太强，要轻松自然。

7. 舌面音 j、q、x 的易错问题

发音部位偏前，接近舌尖前音 z、c、s，或发音部位偏后，听起来接近 g、k、h。

纠正方法：发音时，舌面前部隆起，抵住硬腭最前端（发 j、q 或发 x 时）构成阻碍，让舌尖深垂到下门齿背后，一定不要使舌尖或舌叶在发音中起作用，从而避免发音部位偏前或偏后。

8. 舌根音 g、k、h 的易错问题

少数人受方言影响发音部位偏后，或舌面后部隆起太高，嘴角向两边咧，双唇向前呈圆形。

纠正方法：发音时，舌面后部（舌根）隆起，要防止舌头后缩使舌根隆得太高，双唇自然展开，让气流从舌根隆起后与软腭形成的缝隙中摩擦通过成声。

三、声母的练习

（一）单音节字训练

1.zh、ch、sh、r 与 z、c、s

哲 容 测 闰 巢 字 申 失 晒 仍
撞 葬 昭 所 甩 壤 凑 崔 初 柴
池 杂 此 艘 蛀 蠢 酸 耍 踹 凑
蹿 攥 竹 苍 纱 署 软 俗 氏 自
入 诈 棕 状 插 账 招 赛 吹 抓
水 侧 鳃 磁 垂 椎 爽 贼 怎 死
兽 杀 孙 日 蔡 让 仓 尺 绸 汝
赠 准 抄 责 寨 嘱

2.n 与 l

劳 女 您 垒 拢 滥 龄 囊 辆 览
嫩 林 帘 浓 辣 钠 赖 耐 拦 南
狼 涝 闹 累 内 棱 能 梨 泥 脸
撵 娘 梁 尿 料 聂 劣 钮 柳 凝
灵 暖 卵 挪 锣 虐 掠 辽 纳 陇
农

3. 综合练习

哲 洽 许 滕 缓 昂 翻 容 选 闻
悦 围 波 信 铭 欧 测 敷 闰 巢
字 披 翁 辆 申 按 捐 旗 黑 咬
瞥 贺 失 广 晒 兵 卦 拔 君 仍
胸 撞 非 眸 葬 昭 览 脱 嫩 所
德 柳 砚 甩 豹 壤 凑 坑 绞 崔
我 初 蔽 匀 铝 枪 柴 搭 穷 董
池 款 杂 此 艘 粉 阔 您 镁 帘
械 搞 堤 捡 魂 躺 瘸 蛀 游 蠢
固 浓 钾 酸 莫 捧 队 耍 踹 儿
崩 饷 攻 劳 凑 匹 捐 坎 蹲 女
恨 蹿 窍 飞 骗 封 攥 竹 苍 嚎
纱 您 吻 渠 狗 奎 署 踹 垒 阎

蒋 额 淡 房 拢 爵 猛 而 军 德
滥 亡 软 下 俗 瞥 禀 氏 窘 丢
捅 寻 贝 台 自 侵 入 凭 朵 条
诈 淮 棕 滑 状 插 有 龄 账 垮
摸 囊 招 酶 曳 恩 选 赛 鳖 阅
吹 忍 吃 涮 丝 破 轨 戏 谎 财
搞 掐 曼 歪 仍 砌 我 用 裹 抻

（二）多音节词语练习

1.zh、ch、sh、r 与 z、c、s

支柱 真正 政治 战争 制止 周转
充斥 戳穿 驰骋 橱窗 赏识 少数
事实 舒适 忍让 仍然 荣辱 如若
在座 造作 自尊 总则 祖宗 罪责
仓促 从此 催促 措辞 洒扫 松散
思索 速算 今日 产品 遭受 人群
沙尘 存在 累赘 似乎 怎么 勘察
抽查 设施 神圣 软弱 闰日 猜测
调整 诉讼 琐碎 材料 亏损 超产
从而 入学 篡夺 残存 做活儿 酒盅儿
一辈子 不速之客

2.n 与 l

闹灾 涝灾 黏液 连夜 泥巴 篱笆
南宁 兰陵 女客 旅客 南天 蓝天
允诺 陨落 能行 棱形 留念 留恋
年年 连年 男裤 蓝裤 隆重 浓重
脑子 老子 大怒 大路 内线 泪腺
黄泥 黄梨 难住 拦住 水牛 水流
门内 门类 无奈 无赖 鸟雀 了却
老农 老龙 年内 连累 分蘖 分裂
虐待 难怪 压力 材料 累赘 发愣
少女 霓虹灯

3. 综合练习

奶粉 在这儿 雄伟 婴儿 群众 电压
吵架 连续 枕头 新娘 航空 富翁
节日 上层 核算 大学生 名词 况且
抓阄儿 虐待 麻烦 追求 佛教 包子
原则 热量 农村 履行 骨髓 概括

拐弯儿	配套	玻璃	探索	创作	后跟儿
全体	春光	运动	神经质	昂首	衰变
诋毁	黑暗	挖苦	发票	贫穷	窘迫
给以	战略	昂然	分别	祖宗	厌倦
凉爽	撇开	画家	走访	因而	身边
下游	看法	哥们儿	篡改	圈套	群体
效率	思维	英雄	牛顿	冲刷	大伙儿
今日	流传	轻快	多么	奥秘	亏损
状况	军事	太阳能	面前	谬误	灯泡儿
从此	扫帚	贯彻	土匪	商标	戏曲
佛像	主人翁	同伴	收回	一目了然	

（三）朗读篇目练习

1.zh、ch、sh、r 与 z、c、s 专项训练

海洋与生命

生命在海洋里诞生绝不是偶然的，海洋的物理和化学性质，使它成为孕育原始生命的摇篮。

我们知道，水是生物的重要组成部分，许多动物组织的含水量在百分之八十以上，而一些海洋生物的含水量高达百分之九十五。水是新陈代谢的重要媒介，没有它，体内的一系列生理和生物化学反应就无法进行，生命也就停止了。因此，在短时期内动物缺水要比缺少食物更加危险。水对今天的生命是如此重要，它对脆弱的原始生命，更是举足轻重。生命在海洋里诞生，就不会有缺水之忧。

水是一种良好的溶剂。海洋中含有许多生命所必需的无机盐，如氯化钠、氯化钾、碳酸盐、磷酸盐，还有溶解氧，原始生命可以毫不费力地从中吸取它所需要的元素。

水具有很高的热容量，加之海洋浩大，任凭夏季烈日曝晒，冬季寒风扫荡，它的温度变化却比较小。因此，巨大的海洋就像是天然的“温箱”，是孕育原始生命的温床。

阳光虽然为生命所必需，但是阳光中的紫外线却有扼杀原始生命的危险。水能有效地吸收紫外线，因而又为原始生命提供了天然的“屏障”。

这一切都是原始生命得以产生和发展的必要条件。

——节选自童裳亮《海洋与生命》

2.n 与 l 专项训练

差别

两个同龄的年轻人同时受雇于一家店铺，并且拿同样的薪水。可是一段时间后，叫阿诺德的那个小伙子青云直上，而那个叫布鲁诺的小伙子却仍在原地踏步。布鲁诺很不满意老板的不公正待遇。终于有一天他到老板那儿发牢骚了。老板一边耐心地听着他的抱怨，一边在心里盘算着怎样向他解释清楚他和阿诺德之间的

差别。

“布鲁诺先生，”老板开口说话了，“您现在到集市上去一下，看看今天早上有什么卖的。”布鲁诺从集市上回来向老板汇报说：“今早集市上只有一个农民拉了一车土豆在卖。”“有多少？”老板问。

布鲁诺赶快戴上帽子又跑到集上，然后回来告诉老板一共四十袋土豆。

“价格是多少？”

布鲁诺又第三次跑到集上问来了价格。

“好吧。”老板对他说，“现在请您坐到这把椅子上一句话也不要说，看看阿诺德怎么说。”

阿诺德很快就从集市上回来了。向老板汇报说到现在为止只有一个农民在卖土豆，一共四十口袋，价格是多少多少；土豆质量很不错，他带回来一个让老板看看。这个农民一个钟头以后还会弄来几箱西红柿，据他看价格非常公道。昨天他们铺子的西红柿卖得很快，库存已经不多了。他想这么便宜的西红柿，老板肯定会要进一些的，所以他不仅带回了一个西红柿做样品，而且把那个农民也带来了，他现在正在外面等回话呢。

此时老板转向了布鲁诺，说：“现在您肯定知道为什么阿诺德的薪水比您高了吧！”

——节选自张健鹏、胡足青主编《故事时代》中的《差别》

3. 综合练习

“能吞能吐”的森林

森林涵养水源，保持水土，防止水旱灾害的作用非常大。据专家测算，一片十万亩面积的森林，相当于一个两百万立方米的水库，这正如农谚所说的：“山上多栽树，等于修水库。雨多它能吞，雨少它能吐。”

说起森林的功劳，那还多得很。它除了为人类提供木材及许多种生产、生活的原料之外，在维护生态环境方面也是功劳卓著，它用另一种“能吞能吐”的特殊功能孕育了人类。因为地球在形成之初，大气中的二氧化碳含量很高，氧气很少，气温也高，生物是难以生存的。大约在四亿年之前，陆地才产生了森林。森林慢慢将大气中的二氧化碳吸收，同时吐出新鲜氧气，调节气温。这才具备了人类生存的条件，地球上才最终有了人类。

森林，是地球生态系统的主体，是大自然的总调度室，是地球的绿色之肺。森林维护地球生态环境的这种“能吞能吐”的特殊功能是其他任何物体都不能取代的。然而，由于地球上的燃烧物增多，二氧化碳的排放量急剧增加，使得地球生态环境急剧恶化，主要表现为全球气候变暖，水分蒸发加快，改变了气流的循环，使气候变化加剧，从而引发热浪、飓风、暴雨、洪涝及干旱。

为了使地球的这个“能吞能吐”的绿色之肺恢复健壮，以改善生态环境，抑制全球变暖，减少水旱等自然灾害，我们应该大力造林、护林，使每一座荒山都绿起来。

——节选自《中考语文课外阅读试题精选》中的《“能吞能吐”的森林》

第二章　普通话韵母基础及训练

一、韵母的含义

韵母是汉字音节当中，声母后面的部分，如“大 dà”“加 jiā”用的“a”“i”分别是这两个音节的前母。汉语有 39 个韵母（见表 2.1）。

表 2.1　普通话韵母总表

结构分类	“四呼”分类			
	开口呼	齐齿呼	合口呼	撮口呼
单元音韵母	a	i	u	ü
		ia	ua	
	o		uo	
	ê	ie		üe
	e			
	-i（前）			
	-i（后）			
	er			
复元音韵母	ai		uai	
	ei		uẹi	
	ao	iao		
	ou	iou		
带鼻音韵母	an	ian	uan	üan
	en	in	uen	ün
	ang	iang	uang	
	eng	ing	ueng	
			ong	iong

普通话韵母，可以由单一的元音构成，如“大 dà”的韵母“a”；也可以由元音加元音构成，如“戴 dài”“怪 guài”中的韵母“ai”“uai”就是由两个或三个元音构成的；或由元音加鼻辅音构成，如“静 jìng”中的“ing”，韵母就是由一个元音和一个辅

音构成的。韵母的构成情况，要比声母复杂得多。了解韵母的结构特点，便于掌握韵母的分类和发音。

韵母的构成成分，最多可有三个音素。根据三个音素在音节中的位置和特点，可把它们分别划为韵腹、韵头和韵尾。

（1）韵腹是指音节中发音时声音响亮、开口度大的主要元音。韵腹是韵母不可缺少的成分。

（2）韵腹前面的元音是韵头，也称介音。充当韵头的只有 i，u，ü 三个元音。

（3）韵腹后面的音素是韵尾，韵尾可以由元音或辅音充当。充当韵尾的元音只有 i，u（o），韵母 ao，iao 中的 o 实际上是 u，拼音方案写成 o 是为了使字形清晰。充当韵尾的辅音只有 n 和 ng。

二、韵母的分类

（一）传统的分类

传统的分类是按韵母开头元音的发音口形分，可分为开口呼、齐齿呼、合口呼、撮口呼四类，简称“四呼”（见表 2.1）。

（1）开口呼：不是 i，u，ü 打头或韵腹不是 i，u，ü 的韵母。

（2）齐齿呼：韵头或韵腹是 i 的韵母。

（3）合口呼：韵头或韵腹是 u 的韵母。

（4）撮口呼：韵头或韵腹是 ü 的韵母。

例如：好 hǎo（开口呼）；赢 yíng（齐齿呼）；学 xué（撮口呼）；环 huán（合口呼）。

（二）按韵母的内部结构分类

1. 单元音韵母

单元音韵母，也叫单韵母，其韵母是由一个元音构成的。普通话有 10 个单元音韵母，分别是：

（1）舌面元音：a，o，e，i，u，ü，ê；

（2）舌尖元音：-i（前），-i（后）；

（3）卷舌元音：er。

2. 复元音韵母

复元音韵母，也叫复韵母。其韵母是由两个或三个元音复合构成的。普通话有 13 个复元音韵母，分别是：ai，ei，ao，ou，ia，ie，iao，iou，ua，uo，uai，uei，üe。

3. 带鼻音韵母

带鼻音韵母，也叫鼻韵母。韵母是由元音和鼻辅音构成的。普通话有 16 个鼻韵母，鼻韵母分前鼻音韵母和后鼻音韵母，分别是：

（1）前鼻音韵母：an，ian，uan，üan，en，in，uen，ün；

（2）后鼻音韵母：ang，iang，uang，ong，eng，ing，ueng，iong。

三、韵母的发音

（一）单元音韵母

单元音韵母是指一个元音构成的韵母。

普通话里有 10 个单元音韵母，分别由 10 个单元音构成。从发音角度来说分为三类。

1. 舌面元音

舌面单元音韵母有 7 个，就是 ɑ，o，e，i，u，ü，ê。其发音时主要由舌面起作用，气流颤动声带，然后由口腔呼出。元音音色的不同主要是由发音时口腔形状的不同造成的，口腔形状的不同又是由下面三个条件造成的。

（1）舌位的前后。舌位指发音时舌面隆起部分的所在位置。发元音时舌头前伸，舌位在前，这时发出的元音叫前元音。普通话里有 2 个前元音，就是 i，ü。发元音时，舌头后缩，舌位在后，这时发出的元音叫后元音。普通话里有 3 个后元音，就是 o，e，u。发元音时，舌头不前不后，舌位居中，这时发出的元音叫央元音。普通话里有 1 个央元音，就是 ɑ。

（2）舌位的高低。舌面抬高，和硬腭的距离达到最小时，发出的元音叫高元音。舌面降低，和硬腭的距离达到最大时，发出的元音叫低元音。由高元音到低元音的这段距离可以分为相等的四份，中间有三个点。舌位处在这三个点上时，发出的元音由上而下分别叫作半高元音、中元音和半低元音。普通话里有 3 个高元音，就是 i，u，ü；有 2 个半高元音，就是 o，e；有 1 个半低元音，就是 ê；有 1 个低元音，就是 ɑ。

（3）圆唇和不圆唇。嘴唇收圆，发出的元音叫圆唇元音；嘴唇展开，发出的元音叫不圆唇元音。普通话里有 3 个圆唇元音，就是 o，u，ü；有 3 个不圆唇元音，就是 ɑ，e，i。

根据以上三个条件，我们就可以说明 7 个舌面单元音韵母的发音原理。

（1）ɑ 央、低、不圆唇元音。

例如：阿、巴、叉、大妈、哈达、发达、拉杂。

（2）o 后、半高、圆唇元音。

例如：噢、摩、婆婆、沃、佛、魔、魄、薄膜。

（3）e 后、半高、不圆唇元音。

例如：额、得、乐、客车、褐色、可贺、苛刻。

（4）i 前、高、不圆唇元音。

例如：一、逼、姬、洗衣、笔迹、谜底、稀泥。

（5）u 后、高、圆唇元音。

例如：屋、部、初、书橱、出租、姑苏、布谷。

（6）ü 前、高、圆唇元音。

例如：拘、女、语序、渔具、玉律、序曲。

（7）ê 前、半低、不圆唇元音。

例如：欸。

2. 舌尖元音

舌尖单元音韵母有 2 个，就是 -i（舌尖前，如“姿、慈、思”的韵母）和 -i（舌尖后，如“支、吃、诗、日”的韵母）。舌尖单元音韵母的发音也就是舌尖单元音的发音，发音时主要是舌尖起作用。舌尖单元音的不同发音，是由舌尖的前后、舌位的高低和嘴唇的圆展这三个条件决定的。

（1）-i[后] 舌尖、后、高、不圆唇元音。

例如：支、吃、诗、知识、支持。发音时舌尖翘起，靠近硬腭，形成一条窄缝，气流经过时不发生摩擦。只用在声母 zh，ch，sh，r 的后面。

（2）-i[前]　舌尖、前、高、不圆唇元音。

例如：姿、慈、思、自私、此次。发音时舌尖前伸，靠近上齿背，形成一条窄缝，气流经过时不发生摩擦。只用在声母 z，c，s 的后面。

3. 卷舌元音

发音时，舌尖略向硬腭卷起构成的元音叫卷舌元音。卷舌元音只有 1 个 er。

er 卷舌、央、中、不圆唇元音。

例如：儿、而、耳、尔。发音时舌头处于自然状态，舌尖翘起和硬腭相对，气流的通路比较宽，嘴唇不圆。韵母 er 永远不和辅音声母相拼。

（二）复韵母

复元音韵母也叫复韵母，是由 2 个或 3 个元音构成的韵母。由 2 个元音构成的叫二合复元音韵母，由 3 个元音构成的叫三合复元音韵母。

复元音韵母的发音有两个特点：

第一，发音时从一个元音到另一个元音是逐渐过渡的，而不是跳跃的，中间有许多过渡音。例如发 ɑo 时，先发 ɑ，然后舌位逐渐升高、后移，嘴唇逐渐收圆，最后发出 o。

第二，各元音的响度不等。响度大的元音在前的，叫作前响复元音韵母；响度大的元音在后的，叫作后响复元音韵母；响度大的元音在中间的，叫作中响复元音韵母，中响复元音韵母一定是三合复元音韵母。

普通话里有 13 个复元音韵母，分为 3 组。

（1）二合前响复元音韵母，有 4 个，列举如下。

① ɑi。例如：埃、莱、该、爱戴、白菜。

② ei。例如：眉、泪、嘿、配备、肥美。

③ ɑo。例如：嗷、唠、靠、烧烤、报告。

④ ou。例如：鸥、陋、寇、口头、守候。

（2）二合后响复元音韵母，有 5 个，列举如下。

① ia。例如：丫、加、夏、加价、假牙。

② ie。例如：也、洁、蟹、结业、贴切。

③ ua。例如：洼、刷、刮、挂画、花袜。

④ uo。例如：倭、说、火、骆驼、错过。

⑤ üe。例如：曰、穴、觉、约略、雀跃。

（3）三合中响复元音韵母，有 4 个，列举如下。

① iao。例如：邀、撩、觉、巧妙、逍遥。

② iou。例如：优、刘、旧、悠久、绣球。

③ uai。例如：歪、淮、率、摔坏、外快。

④ uei。例如：威、茴、税、追随、摧毁。

（三）带鼻音韵母

带鼻音韵母也叫鼻韵母，是由元音和鼻辅音构成的韵母。带鼻音韵母发音时，由元音开始逐渐向鼻辅音过渡，最后阻碍部分完全闭塞，气流从鼻腔流出。

普通话中作韵尾的鼻辅音有两个，就是 n 和 ng。n 是舌尖中浊鼻音，既可作声母又可作韵尾。作韵尾时要等气流停止后，双唇构成的阻碍才能消除。ng 是舌根浊鼻音，在普通话中只作韵尾不作声母。发音时，舌根抵住软腭，堵塞气流通往口腔的通路，同时软腭下垂。气流颤动声带，从鼻腔通过。

带鼻音韵母有两类，就是前鼻音韵母和后鼻音韵母。

（1）前鼻音韵母，是以 n 为韵尾的韵母，有 8 个，列举如下。

① an。例如：鞍、丹、喊、感叹、展览。

② ian。例如：嫣、甸、仙、前线、片面。

③ uan。例如：湾、短、患、贯穿、转换。

④ üan。例如：缘、娟、轩、渊源、全权。

⑤ en。例如：嗯、狠、伸、认真、根本。

⑥ in。例如：音、沁、津、殷勤、信心。

⑦ uen。例如：瘟、婚、椿、论文、馄饨。

⑧ ün。例如：晕、裙、勋、均匀、军训。

（2）后鼻音韵母，是以 ng 为韵尾的韵母，有 8 个，列举如下。

① ang。例如：肮、狼、长、帮忙、厂房。

② iang。例如：杨、姜、枪、想象、响亮。

③ uang。例如：汪、慌、装、状况、狂妄。

④ eng。例如：砰、灯、蒸、更正、丰盛。

⑤ ing。例如：应、叮、兴、命令、平定。

⑥ ueng。例如：翁、嗡、瓮、蕹。

⑦ ong。例如：宫、冬、通、隆重、从容。

⑧ iong。例如：拥、凶、窘、汹涌、穷凶。

四、韵母练习

（一）i 和 ü

积蓄　机滤　谜语　体育　例句　低于　绿篱　履历
距离　曲艺　具体　遇袭　玉米　预期
分期—分区　名义—名誉　容易—荣誉
季节—拒绝　雨季—语句　办理—伴侣
事宜—适于　书籍—书局　大姨—大鱼
得意—德育　里程—旅程　识记—实据
戏曲—序曲　臆测—预测　遗传—渔船
移民—渔民　意见—遇见　防疫—防御

（二）前后鼻韵

1. 鼻韵尾 in 和 ing

心情　禁令　民警　品行　聘请　进行　新型　尽情
心灵　拼命　民兵　尽兴　金星　新颖　挺进　平民
听信　灵敏　清音　迎新　影印　领巾　病因　定亲
倾心　精心　轻信　心境　行径　亲生　轻生　金质
精致　人民　人名　信服　幸福　频繁　平反　亲近
清静　凭信　平行　金银　晶莹

2. 鼻韵尾 an 和 ang

担当　安防　班长　繁忙　站岗　南方　反抗　安康
半箱　返航　肝脏　擅长　战场　商贩　当然　傍晚
长叹　上班　账单　方案　烂漫　浪漫　范文　访问
赞颂　葬送　开饭　开放　黯然　盎然　担心　当心
弹词　搪瓷　杆子　缸子　实战　师长　一般　一帮

3. 鼻韵尾 en 和 eng

真诚　本能　深层　奔腾　真正　神圣　人称　文风
纷争　门缝　人生　成本　成分　登门　承认　成人
诚恳　城镇　风尘　锋刃　能人　圣人　正门　证人
陈旧　成就　真挚　政治　申明　声明　木盆　木棚
清真　清蒸　瓜分　刮风　绅士　升势　人生　人参
诊治　整治　身世　生事　市镇　时政

（三）区分 o，uo，e

厕所　恶果　恶魔　车祸　隔膜　合作　合伙　刻薄
惹祸　各国　勒索　折磨　课桌　波折　薄荷　撮合
错车　国策　国歌　挫折　火车　或者　火舌　墨客
说客　作恶　灼热　卧车　拖车　说和　作客　作者
驼色　墨盒　若何　着色　脱色

（四）综合练习

1. 诗歌

捕鱼歌

人远江空夜，浪滑一舟轻；
儿咏唉唷调，橹和嗳啊声；
网罩波心月，竿穿水面云；
鱼虾留瓮内，快活四时春。

2. 文章

白杨礼赞

那是力争上游的一种树，笔直的干，笔直的枝。它的干呢，通常是丈把高，像是加以人工似的，一丈以内，绝无旁枝；它所有的丫枝呢，一律向上，而且紧紧靠拢，也像是加以人工似的，成为一束，绝无横斜逸出；它的宽大的叶子也是片片向上，几乎没有斜生的，更不用说倒垂了；它的皮，光滑而有银色的晕圈，微微泛出淡青色。这是虽在北方的风雪的压迫下却保持着倔强挺立的一种树！哪怕只有碗来粗细罢，它却努力向上发展，高到丈许，二丈，参天耸立，不折不挠，对抗着西北风。

这就是白杨树，西北极普通的一种树，然而决不是平凡的树！

它没有婆娑的姿态，没有屈曲盘旋的虬枝，也许你要说它不美丽，——如果美是专指"婆娑"或"横斜逸出"之类而言，那么白杨树算不得树中的好女子；但是它却是伟岸，正直，朴质，严肃，也不缺乏温和，更不用提它的坚强不屈与挺拔，它是树中的伟丈夫！当你在积雪初融的高原上走过，看见平坦的大地上傲然挺立这么一株或一排白杨树，难道你觉得树只是树，难道你就不想到它的朴质，严肃，坚强不屈，至少也象征了北方的农民；难道你竟一点也不联想到，在敌后的广大土地上，到处有坚强不屈，就像这白杨树一样傲然挺立的守卫他们家乡的哨兵！难道你又不更远一点想到这样枝枝叶叶靠紧团结，力求上进的白杨树，宛然象征了今天在华北平原纵横决荡用血写出新中国历史的那种精神和意志。

3. 绕口令

（1）单元音韵母。

①坡上立着一只鹅，坡下就是一条河。宽宽的河，肥肥的鹅，鹅要过河，河要渡鹅，不知是鹅过河，还是河渡鹅？

②山上五棵树，架上五壶醋，林中五只鹿，箱里五条裤。伐了山上树，搬下架上

的醋，射死林中的鹿，取出箱中的裤。

③山前有只虎，山下有只猴。虎撵猴，猴斗虎；虎撵不上猴，猴斗不了虎。

（2）带鼻音韵母。

①扁担长，板凳宽，扁担没有板凳宽，板凳没有扁担长。扁担绑在板凳上，板凳不让扁担绑在板凳上。

②一平盆面，烙一平盆饼，饼碰盆，盆碰饼。

③任命是任命，人名是人名，任命不能说成人名，人名也不能说成任命。

④山前有个严圆眼，山后有个严眼圆，二人山前来比眼，不知是严圆眼的眼圆，还是严眼圆比严圆眼的眼圆？

（3）复元音韵母。

①磨坊磨墨，墨碎磨坊一磨墨；梅香添煤，煤爆梅香两眉灰。

②出南门，走六步，见着六叔和六舅，叫声六叔和六舅，借我六斗六升好绿豆；过了秋，打了豆，还我六叔六舅六十六斗六升好绿豆。

③哥挎瓜筐过宽沟，过沟筐漏瓜滚沟。隔沟挎筐瓜筐扣，瓜滚筐空哥怪沟。

④山前有个崔粗腿，山后有个崔腿粗。二人山前来比腿，不知是崔粗腿比崔腿粗的腿粗，还是崔腿粗比崔粗腿的腿粗？

第三章　声调基础及训练

一、声调的基础知识

(一)声调

声调是音节中具有区别意义作用的声音的高低升降变化。在汉语中,即便声母韵母完全一致,也能因声调的不同而组成意义完全不同的词或短语。比如“bianzhi”,加上不同的声调,可以成为“编制”,也可以是“贬值”,也可以是“编织”,还能成为“变质”,等等。

声调中的声音高低指的是相对音高,和音乐中有固定音高频率的绝对音高不同。不同的人读同样声调的字,因生理原因或语境影响产生的声音高低的不同,不影响这个字的调值标准,也没有区别意义的作用。比如“兔“,用低音 5 度来读它,和用高音 5 度来读它,意义没有发生变化。

(二)调值和调类

1. 调值

汉语的声调可以用调值来标注,调值是一个音节声音高低升降、长短曲直的变化情况,它代表着声调的实际读法。

一般情况下,我们习惯于用五度标记法来描述调值。其方法如图 3.1 所示:把一条竖线平均分成四段,再在形成的五个点旁,把数字 1 至 5 按由低到高的顺序标注,分别对应最低音、低音、中音、高音和最高音,最后用线段在图中标出相对音高的变化情况。

图 3.1　音调五度标记法

2. 调类

将调值相同的字归纳在一起建立起来的种类即为调类。现代汉语方言中,调类数量差异较大，其中，调类最少的如河北滦县方言，仅有 3 个调类；调类最多的如广西玉林方言，有多达 10 个调类。

（三）普通话的声调

1. 普通话的调类

普通话有 4 个调类，分别为：阴平、阳平、上声、去声。其名称主要是在古汉语声调名（平声、上声、去声、入声）的基础上稍加改变而得到的。

2. 普通话的调值

普通话的 4 个声调，调值分别为阴平：55，阳平：35，上声：214，去声：51。用五度标记法标记结果如图 3.2 所示。根据其形态特征，我们又分别将其描述为高平调、中升调、降升调和全降调。

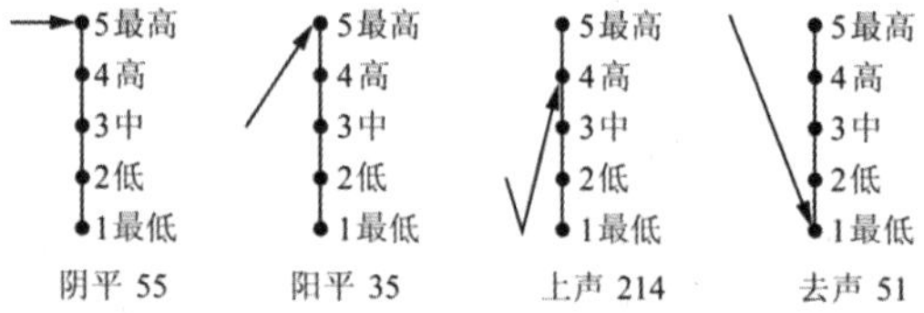

图 3.2　普通话的调值

3. 普通话的调号

调号是声调的标记符号。利用图 3.2 中的音高走向线，将其稍作整理，便形成了普通话 4 个声调的调号。阴平：ˉ，阳平：ˊ，上声：ˇ，去声：ˋ。

《汉语拼音方案》标调法中规定，普通话调号应标写在主要元音上；i 上有调号时，应去掉小点儿；轻声音节不标调号。

二、声调辩证

（一）合并调类

普通话声调共有 4 个调类。方言区的调类，除极少数地方（如河北滦县）数量少于 4 个之外，基本等于或大于 4 个调类，如上海、长沙、福州、广州、广西玉林地区，其方言调类数量分别为 5、6、7、9、10 个。因此，在学习普通话的过程中，大部分学习者需要注意合并调类。如福州话的去声分为阳去（调值 242）和阴去（调值 213）两个调类，学习普通话的过程中，则需要将这两个方言调类合并为一个普通话调类，都读去声（调值 51）。附录一汉语方言声调对照表可帮助我们了解自己所处方言区的声调调类情况。

川渝地区的方言调类，和普通话调类数量一致，也是 4 个，并且调类归属差异也不大。

（二）改变调值

各地方言调值与普通话调值有同也有异。因此，各方言区学习者学习普通话声调时，需要明确自己所在方言区的方言与普通话声调的对应关系，根据相应的调类改读调值，可有效提高学习效率。如表 3.1 所示，以川渝地区为例，各地方言与普通话调值有着对应关系，在学习时，只需将相应调类的调值改读即可。

表 3.1　各地方言调值与普通话调值对应关系

地区	例字			
	妈	麻	马	骂
北京	55	35	214	51
重庆	55	21	42	214
成都	44	41	52	13
自贡	55	31	53	24
西昌	44	52	34	11
南充	55	21	53	14
雅安	55	21	42	14

（三）注意入声字

入声是古代汉语四声（平声、上声、去声、入声）之一。这个调类所包含的字被统称为入声字。如今，有的方言还保留了入声声调，有的方言则将入声并入了其他声调中。普通话中已没有了入声声调，入声已被归入阴平、阳平、上声、去声声调之中。

在川渝部分地区，入声声调被独立保留下来，这种情况主要集中在岷江小片方言区：成都地区的双流、温江、郫县、都江堰市、彭州、新都、新津、崇州、邛崃、浦江、大邑等地；泸州地区的泸州、泸县、纳溪、合江、叙永等地；德阳地区的什邡；绵阳地区的盐亭；遂宁地区的射洪；宜宾地区的宜宾、兴文、南溪、珙县、古蔺、高县、长宁、屏山、江安等地；乐山地区的乐山、夹江、洪雅、犍为、丹棱、沐川、青神、峨眉山市、眉山、彭山、峨边等地；南充地区的西充；雅安地区的荥经。

在川渝其他大部分地区，古入声字被归入阳平；在雅安、名山、芦山、石棉、天全、宝兴、汉源、泸定等地其被归入阴平；在自贡、富顺、荣县内江、威远、隆昌、筠连、仁寿、井研、冕宁等地其被归入去声。这就意味着，这些地区方言中的某些调类，无法与普通话调类进行“对应改读”，如：重庆方言中的古入声声调，都被归入了阳平调，也就是说，现在的重庆话里的阳平调，有一部分（与普通话阳平调对应的那一部分）可以与普通话阳平调值进行改读，而来源于古入声字的部分阳平字，则需对应改读为普通话阴平、上声和去声声调。

常用的古入声字共有 700 多个，我们需要知道哪些是古入声字，并了解古入声字在普通话中归入了哪个调类，才能更好地完成普通话声调的学习。后面的附录二,可以帮助大家快速查阅古入声字的普通话读音。

三、普通话声调练习

普通话四个声调调形区别明显,分别为平、升、曲、降,声调的准确发音不仅是准确表意的基础,更会直接影响语调的正确性。克服普通话学习中方言语调的学习困难,必须准确掌握普通话声调。

(一)注意要点

1. 普通话四声的发音特征

阴平也称高平调,调值为 55,发音特点是起高止高,音高自始至终没有明显变化,保持在自然状态下发出的最高音高。这时,你需要让声带一直保持紧绷的状态,以防止出现尾音音高下滑的方言发音现象。

阳平也称高升调,调值为 35,发音特点是起中止高,音高逐渐上升,这个上升的过程是干净利落的,不要拖沓。这时,你的声带会从平和状态逐渐绷紧,中间不能泄劲,以免音高出现上下波动。川渝地区方言的阳平读下降调,比如重庆话的 21 调、成都话的 41 调,这些地区的学习者,要特别注意摒弃原来方言调类的发音走向,将调势控制为上扬的状态。

上声也称降升调,调值是 214,发音特点是起较低中低止半高,音高由 2 度降至 1 度再回升至 4 度,调值有曲折变化,所以也被称为"拐弯调"。这时,你的声带从略微紧张状态开始,到松弛状态,最后过渡到较为紧张的状态,其中需要注意的是:声带需完全放松才能降至 1 度,所以,在上声的前半部分,需快速松弛声带,把音高降下来;上声是所有声调中音长最长的,主要体现在上声后半部分的上扬,是需要一定时长的,这才能保证音高到最后能升到位。川渝地区方言的上声也被读成下降调,比如重庆话的 42 调、成都话的 52 调,这些地区的学习者,需要找准声调的起调 2、降调 1 和升调 4 这三个节点,力求把每个节点都读到位,努力摆脱方音影响。

去声也称全降调,调值是 51,发音特点是起高止低,音高利落下降,从 5 到 1,声带的状态从紧绷到最后完全松弛,这里最需要注意的是,收音时音高一定要快速降至最低。去声的音长是四个声调中最短的,足见其发音的干脆。川渝地区方言的去声有不同表现,成都话的 13 调,重庆话的 214 调,与普通话去声的 51 调调型差异较大,学习者们需要找准普通话发音特征,有意识地去控制和联系,开始时还可以利用手势引导自己养成正确发音习惯:调势下行,最高降至最低,干脆利落。

2. 练习前的准备工作

学会控制声带,以帮助自己准确读出声调高低起伏的变化;普通话声调的调值改变是滑动的,它中间有大量的过渡音,不能跳跃式发音;做好长期练习的心理准备,毕竟以往长期形成的错误发音习惯,不是一朝一夕就能改变的;掌握普通话四声的调型特征和易错点，有针对性地加以练习；练习还应是循序渐进的，从字词开始，由短到长，由慢到快地练习，可以更科学地掌握每个声调的发音。

（二）练习材料

1. 单音节词练习

（1）阴平。

崩　攻　捐　蹲　飞　封　苍　初　枪　搭
艘　漆　欢　掐　椎　蹬　挖　杀　只　塌

（2）阳平。

白　刘　财　纯　同　夹　俗　残　苗　鼻
缝　牙　逐　拔　禅　长　读　平　薄　节

（3）上声。

讽　舞　暖　稳　鄙　手　保　磊　免　语
广　显　请　秒　惨　野　主　讽　髓　组

（4）去声。

按　霸　奥　变　并　季　绿　岳　意　最
步　燥　桦　富　顾　浪　赞　凤　睡　灿

2. 双音节词练习

（1）同调词。

鲜花　家书　村庄　炊烟　风波　青春　星期
河流　严格　角逐　足球　神明　和平　邮局
宝塔　好感　粉笔　美好　雨伞　手脚　洒水
护照　浪漫　教室　劝告　电话　社会　辩证

（2）异调词。

参谋　叮咛　光明　高等　辛苦　相信　操控
情操　潮湿　雄伟　直爽　沉默　民用　陪衬
纸巾　首都　假装　整形　广博　领带　喜庆
最初　爱心　健康　论文　去年　历史　翅膀

3. 多音节词练习

（1）同调词。

江山多娇　珍惜光阴　人如其名　儿童文学
美好理想　稳妥处理　跃跃欲试　胜利闭幕

（2）异调词。

千锤百炼　心明眼亮　兵强马壮　风调雨顺
深谋远虑　阴阳上去　花红柳绿　千锤百炼

4. 语段练习

《施氏食狮史》是我国著名语言学家、“现代语言学之父”赵元任先生写的一篇同音文，请给全文注音并读准其声调。

石室诗士施氏，嗜狮，誓食十狮。氏时时适市视狮。十时，适十狮适市。是时，适施氏适市。氏视是十狮，恃矢势，使是十狮逝世。氏拾是十狮尸，适石室。石室湿，氏使侍拭石室。石室拭，氏始试食是十狮尸。食时，始识是十狮尸，实十石狮尸。试释是事。

附录一

汉语方言声调对照表

方言区	地名	平声		上声			去声		入声				声调数
		天	平	古	老	近	放	大	急	各	六	杂	
北方方言区	普通话（北京）	阴平 55	阳平 35	上声 214		去声 51			入声分别归阴、阳、上、去				4
	沈阳	阴平 44	阳平 35	上声 213		去声 41			入声分别归阴、阳、去				4
	济南	阴平 213	阳平 42	上声 55		去声 31			同上				4
	滦县	平声 11		上声 213		去声 35			入声分别归平、上、去				3
	烟台	平声 31		上声 214		去声 55			同上				3
	徐州	阴平 313	阳平 55	上声 35		去声 51			入声分别归阴、阳				4
	南京	阴平 31	阳平 13	上声 22		去声 44			入声 5				4
	成都	阴平 44	阳平 41	上声 52		去声 13			入声分别归阳平				4
吴方言区	苏州	阴平 44	阳平 13	上声 52	归阳去	阴去 412		阳去 31	阴入 5		阳入 2		7
	无锡	阴平 55	阳平 14	阴上 324	阳上 33	阴去 35		阳去 213	阴入 5		阳入 2		8
	上海	阴平 54	阳平 24	上声 33		归上声		归阳平	阴入 5		阳入 2		5
湘方言区	长沙	阴平 33	阳平 13	上声 41		阴去 55		阳去 11	入声 24				6
赣方言区	南昌	阴平 42	阳平 24	上声 213		阳去 55		阴去 31	入声 5				6
客家方言区	梅县	阴平 44	阳平 11	上声 31		去声 42			阴入 21		阳入 4		6
闽方言区	福州	阴平 44	阳平 52	上声 31		阳去 242	阴去 213	阳去 242	阴入 23		阳入 4		7
	厦门	阴平 55	阳平 24	上声 51		阳去 33	阴去 11	阳去 33	阴入 32		阳入 5		7
粤方言区	广州	阴平 55 53	阳平 21 11	阴上 35	阴上 35	阳上 13	阴去 33	阳去 22	上阴入 55	上阴入 33	阳入 22		9
	玉林	阴平 54	阳平 32	阴上 33	阳上 23	阴去 52		阳去 21	上阴入 55	上阴入 33	上阳入 12	下阳入 11	10

附录二

古入声普通话读音表

声韵	声调			
	阴　平	阳　平	上　声	去　声
ba	八捌	拔跋		
ma	抹(抹布)			
fa	发	伐阀筏罚乏	法砝	发(理发)
da	搭答(答应)	答(答复)瘩达		
ta	塌踏(踏实)		塔	沓踏(踏步)榻拓(拓碑)
na				呐纳钠捺
la	垃邋			
ka	喀			
ha			哈(哈达)	
zha	扎(扎针)	铡扎(挣扎)札轧(轧钢)	眨	栅
cha	插	察		刹(古刹)
sha	杀刹(刹车)			霎
za	扎(包扎)匝	砸杂		
ca	擦			
sa				萨卅
bo	饽拨剥(剥削)钵	伯泊箔舶勃渤脖博膊薄(薄弱)驳钹帛		薄(薄荷)
po	泼泊(湖泊)			迫(强迫)珀粕魄(气魄)
mo	摸	膜	抹	末沫抹(抹灰)茉陌莫寞漠默墨没殁
f		佛		
de		得德		
te				特忒忐
ne				讷
le	肋			乐勒(勒令)
ge	搁胳疙割鸽	格阁蛤(蛤蚧)革膈隔葛(葛布)骼(骨骼)	葛	各(各个)铬
ke	磕瞌	咳壳	渴	克刻客恪
he	喝	核貉(一丘之貉)涸盒劾(弹劾)阂		赫褐鹤吓(恐吓)喝(喝彩)
zhe		折哲蜇辙辄磔谪	褶	浙
che				彻撤澈掣

续表

声韵	声调			
	阴平	阳平	上声	去声
she		舌折		设涉摄慑
re				热
ze		则择泽责		仄
ce				侧厕测恻策册
se				塞涩色铯瑟啬穑
e		额	恶（恶心）	恶（恶劣）噩遏厄扼轭鄂腭鳄
bi	逼	鼻荸	笔	壁璧必毕碧辟（复辟）避愎
pi	劈霹		匹劈（劈柴）癖	辟僻
mi				密蜜觅幂汨
di	滴	狄涤迪笛敌的（的确）嫡		的（目的）
ti	剔踢			惕
ni				匿溺逆
li				立粒笠栗砾力历沥雳
ji	激击唧积缉（通缉）圾	及级极汲吉急棘即集籍辑亟疾嫉	给（供给）脊	鲫寂绩迹
qi	七柒漆缉（缉鞋口）戚		乞	泣讫迄
xi	吸膝悉蟋息熄析淅晰蜥昔惜夕汐锡	习席媳袭檄		
yi	一壹揖		乙	易蜴亦邑役疫益溢翼逸译驿亿忆屹抑轶翌
zhi	织汁只（只身）	直值植殖执侄职		挚帜秩掷（投掷）质窒蛭炙
chi	吃		尺	炽斥赤叱饬
shi	施虱湿失	十什拾石识食蚀实		室释适饰式拭弑
ri				日
bu	晡		卜	不
pu	扑	仆	朴（朴素）蹼	曝（一曝十寒）瀑（瀑布）
mu				幕木沐睦目苜穆牧
fu		匐弗佛（仿佛）拂伏袱茯服幅福	辅	缚复腹蝮鳆馥覆
du	督	读犊牍独毒		
tu	秃突凸			
lu				赂鹿漉辘麓录绿（绿林）禄碌陆戮
gu	骨（骨朵）		骨（骨髓）谷	梏

续表

声韵	声调			
	阴　　平	阳　　平	上　　声	去　　声
ku	窟哭			酷
h	忽惚	斛囫鹄（鹄立）		
zhu		竹烛逐竺术（白术）	嘱瞩	祝筑
chu	出			触畜（畜生）矗绌黜怵
shu	叔淑	赎塾孰熟	属蜀	术述束
ru			辱	入褥
zu		足族卒镞		
cu				促簇蹴
su		俗		塑肃速宿粟夙
wu				雾勿物
lü				律率（效率）绿氯
ju	鞠疽锔	局菊桔		
qu	曲屈		曲（歌曲）	
xu				续畜（畜牧）蓄恤旭煦
yu				育域浴欲玉狱郁毓
bai		白	百柏	
pai	拍			
mai				麦脉
zhai	摘	宅翟	窄	
chai	拆			
shai			色（掉色）	
sai	塞（瓶塞儿）			
bei			北	
mei		没（没有）		
dei			得（我得去）	
lei	勒（勒紧）			
gei			给	
hei	黑			
zei		贼		
bao		雹薄（薄纸）		
lao				烙酪
zhao	着（高着儿）	着（烧着了）		
shao		勺芍		
zhou	粥	轴妯（妯娌）		

续表

声韵	声调			
	阴　平	阳　平	上　声	去　声
jia	夹（夹子）	夹荚铗颊	甲钾胛岬	
qia	掐			恰洽
xia	瞎呷	狭侠峡狎匣辖		
ya	押鸭压			轧揠
bie	鳖憋	别蹩	瘪	别（别扭）
pie	瞥撇（撇开）		撇苤（苤蓝）	
mie				灭蔑
die	爹跌	迭叠谍堞		
tie	贴帖		铁帖（帖子）	帖（字帖）
nie	捏			聂镊蹑镍孽蘖涅
lie			咧（咧嘴）	列冽烈裂猎劣
jie	秸揭接疖	诘洁结劫杰孑节竭睫捷截		
qie	切（切开）			怯切（密切）窃妾挈锲
xie	歇蝎楔	协胁挟		泄屑亵燮
ye				液掖腋叶页业谒咽（呜咽）
gua	刮			
hua		滑猾		划画
zhua	抓			
shua	刷			刷（刷白）
wa	挖			袜
duo	咄掇	夺度（揣度）踱铎		
tuo	托脱			柝拓（开拓）
nuo				诺
luo	捋			烙洛落络骆
guo	郭蝈聒	国帼		
kuo				扩廓
huo	豁（豁口）	活		或惑获霍豁（豁亮）
zhuo	桌捉拙涿	茁灼酌浊镯着（着落）啄诼琢擢卓		
chuo	戳			绰啜辍龊
shuo	说			硕烁铄妁朔搠槊蒴
ruo				若弱
zuo	作（作坊）	昨琢（琢磨）		作柞酢
cuo	撮			错
suo	缩		索	
wo	喔			沃斡幄握龌

续表

声韵	声调			
	阴　平	阳　平	上　声	去　声
nüe				虐疟
lüe				略掠
jue	撅	决诀抉觉珏绝倔掘崛厥橛蹶攫爵嚼（咀嚼）		
que	缺	瘸		却确鹊雀阕阙
xue	薛削（剥削）	学穴噱（噱头）	雪	血（血压）谑
yue	约曰		哕	悦阅越粤月钺钥（锁钥）跃乐（音乐）岳
miao			渺	
jiao		嚼（嚼碎）	脚角	
qiao				壳
yao				药钥鹞
liu		镏（镏金）		镏（镏子）六
jiu			九	
xiu	休			
guai	乖			
shuai				率（率领）蟀

第四章　语流音变基础及训练

一、语流音变的基础知识

（一）语流音变的概念

人们在说话时，总是把一个字（或音节）和另一个字（或音节）连起来，形成语词、语群、语句连续地发出音来，我们把这样的像水流一样的语音简称语流。在语流中，前后相连的字在发音时会相互影响，从而产生读音上的变化，与单独读时所发音不一样，我们通常把这种在语流中发生的音变现象称为语流音变。

（二）语流音变的现象类别

普通话的语流音变主要有变调、轻声、儿化和语气词“啊”的音变。

（1）变调。在语流中，音节连读时，某些音节的调值变得跟单独读时的调值不相同，这种音变现象就叫变调。普通话的变调主要有上声的变调、“一”“不”的变调、形容词生动形式的变调。其中上声的变调和“一”“不”的变调是受后一个音节声调的影响而发生的，形容词生动形式的变调是受前一个音节影响而发生的。

（2）轻声。在语流中，某些音节为区别词、词与短语，或因相沿成习，或在结构成句子时，失去了单独读时的声调，变成了一种又短又轻的调子，这种音变现象就是轻声。轻声是普通话的语音特点之一。轻声不是一种独立的声调类别。有些轻声是词汇层面的轻声，大多无规律可循，有些轻声是句法结构层面的轻声，有一定规律可循。

（3）儿化。在语流中，为区别词和表达感情，“儿”字失去本来的意义和独立的发音地位，成为词尾，附在一个音节的后面，使这个音节的韵母在发音时带上卷舌色彩，这种音变现象叫儿化。这种卷舌化的韵母叫儿化韵，有儿化的音节叫儿化音节，带儿化的词语，叫儿化词。

（4）语气词“啊”的音变。在语流中，语气词“啊”的发音往往受到前一个音节末尾因素的影响而发生音变，跟单念“啊”和读单独成句的“啊”有所区别。

二、语流音变的基本规律和读法

(一)变调的基本规律和读法

1. 上声变调基本规律和变调后读法

普通话上声字在单独读时或者处在词语、句子末尾时才读原调曲折调 214，在阴平、阳平、上声、去声音节前则要发生变调。上声变调的基本规律和读法有两种情况。汉语拼音上声的变调只标注原调不标注变调。

(1)上声在非上声的前面读 211 调(低降调、半上)。

上声 + 阴平。

例：贬低　纺织　短期　领先　海关　取消　主观　产生　省心　首都

上声 + 阳平。

例：表达　美元　导航　朗读　改革　考察　海洋　解答　乞求　场合

上声 + 去声。

例：百货　宝贵　笔记　美丽　反映　礼貌　感冒　鼓励　可爱　产量

(2)上声在轻声的前面，有两种读法。

一般读为 211 调(低降调、半上)。

例：比方　打听　点心　暖和　喇叭　骨头　讲究　枕头　早晨　耳朵

在某些由原调为上声变来的轻声音节前读阳平 35 调。

例：桶里　哪里　嘴里　手里　举起　想起　早起
　　跑跑　等等　管管　讲讲　想想　醒醒　走走
　　把手　打手　打点　小姐　找补　指甲　晌午

(3)上声在上声前面，读阳平 35 调。

例：美好　粉笔　铁锁　感想　广场　古典　讲稿　选举　处理　友好

(4)三个及多个上声相连的变调。

三个上声相连的变调由词语的具体结构形式决定。三音节词语的具体结构形式不外乎两种，一个双音节词加一个单音节词(双单格)和一个单音节词加一个双音节词(单双格)。按照音变规律，双音节词先按照上声加上声的音变规律，前一个上声变为阳平 35 调，后一个音节读原调 214 调。如果单音节词在后，单音节词保持原调 214 调不变，前一个音节因为上声处于上声前面，又要变成阳平 35 调。如果单音节词在前，那这个单音节词作为上声是处于非上声的前面，要变为 211 调(低降调、半上)。依此类推，四个、五个等多个上声相连，把词语分解为单音节或双音节，然后按照规律进行变调即可。

三音节相连“双单格”，读 35+35+214。

例：敏感/点　打靶/场　考古/所　洗脸/水　选举/法　展览/馆　水彩/笔　手写/体

三音节相连“单双格”，读 211+35+214。

例：党 / 小组 老 / 保守 冷 / 处理 海 / 产品 小 / 组长 小 / 拇指 纸 / 老虎 厂 / 党委

四音节相连。

例：写 / 演讲 / 稿　211+35+35+214。

党 / 小 / 组长　211+211+35+214。

五音节相连。

例：我 / 很 / 了解 / 你　211+211+35+35+214。

六音节相连。

例：请你 / 买 / 水彩 / 笔 35+211+211+35+35+214。

2.“一”“不”变调基本规律和变调后读法

（1）“一”“不”读本调的情形。

“一”本调为 yī，单念、在词末、句末、表序数、在一连串数字中都念本调。

例：一　统一　星期一　始终如一　三七二十一

“一”作为基数词在表示数量多少时要变调。如：一等奖只有一名。前一个“一”不变调，后一个“一”要变调。如：“一楼”，不变调指“第一楼”或“第一层楼”，变调时表示“全楼”。

“不”本调为 bù，单念、在词末、句末、在非去声音节前，都念本调。

例：不　要不　说不　肯定不　不多　不来　不走

（2）“一”“不”变调的情形。

“一”“不”在去声音节前面变读为阳平 35 调，汉语拼音不标注变调。

例：一半　一并　一道　一带　一旦　一路　一律　一切　一瞬　一唱一和

不必　不便　不但　不断　不对　不顾　不过　不愧　不错　不上不下

“一”在非去声之前，变读去声，“不”仍读本调去声。

例：一般　一瞥　一些　一心　一生　一朝一夕　不单　不甘　不堪　不拘

不安　一同　一连　一齐　一直　一时　一言一行　不才　不迭　不乏

不凡　不然　一休　一览　一口　一举　一起　一板一眼　不法　不苟

不可　不逞　不齿

（3）“一”嵌在重叠式的动词之间，“不”夹在动词或形容词之间，夹在动词和补语之间，都轻读，属于“次轻音”。“一”“不”作为“次轻音”在读时依据后面一个音节的声调发生变调。

例：拖一拖　听一听　管一管　看一看　想一想　学一学　写一写　走一走

说一说　买不买　谈不谈　难不难　肯不肯　好不好　会不会　缺不缺

去不去　穿不穿　打不开　拿不动　来不及　看不起　看不清　走不开

3. 形容词生动式变调基本规律和变调后读法

形容词生动式包括重叠形容词和叠字形容词，有 AA 式、ABB 式、AABB 式三类形式。在口语色彩极强语境下形容词生动式一般会发生音变现象，但不是所有的形容词生动式在口语里都会发生音变。变与不变，一方面要看语言环境是不是口语环境，另一方面也要看词汇是书面色彩较浓还是口语色彩较浓。学习时把握常见的形容词生动式即可。

（1）AA 式：在口语色彩较浓的语境中，后一音节若儿化，这个儿化音节必须要变读为阴平调。如：好好儿（学习）、早早儿（出发）、慢慢儿（走）、快快儿（跑）、红红儿（的脸蛋）、远远儿（地望见）、大大儿（的眼睛）、长长儿（的辫子）、太阳暖暖儿（的）。如果口语色彩不那么突出，后一音节若不儿化，则可变可不变调。

（2）ABB 式：这是带上了叠音后缀的形容词重叠式。BB 两个重叠的音节，原调不是阴平调的，极少数的必须要变读为阴平，汉语词典直接标注拼音为阴平调；少数的为“两可”，可变可不变，即在书面语色彩较浓的语境中读本调，在口语色彩较浓的语境中也可变读为阴平，汉语词典既标注本调也通过括号标注变调阴平调；大多数 BB 则不变调，汉语词典只标本调。参见《现代汉语词典》第 7 版。

变调的——文绉绉　黄澄澄　闹嚷嚷　羞答答　血糊糊　骨碌碌

两可的——红彤彤　黑洞洞　黑黝黝　沉甸甸　绿油油　慢腾腾　亮堂堂
血淋淋　直瞪瞪　直愣愣　乱蓬蓬　乱腾腾　热腾腾　湿淋淋
湿漉漉　乌油油

不变的——红艳艳　黄灿灿　黑沉沉　黑茫茫　黑蒙蒙　白晃晃　白蒙蒙
绿茸茸　亮闪闪　毛茸茸　软绵绵　明晃晃　明闪闪　热辣辣
金煌煌　金晃晃　金灿灿　蓝莹莹　泪涟涟　绿莹莹　清凌凌
雾蒙蒙　雾茫茫　笑盈盈　火辣辣　喜洋洋　喜盈盈　空洞洞
空荡荡　赤裸裸　赤条条　直挺挺　阴沉沉　恶狠狠　响当当

（3）AABB 式：这是双音节形容词的重叠式，也有变与不变两种情况。一部分口语色彩较浓的词语用于日常口语中往往发生这样的变调：第二音节 A 变轻声，第三、四音节 BB 变阴平。那些书面语色彩较强的词语，就不能进行上述变调，第二音节 A 反而重读，有些口语中常用的词语也不变调。

变调的——漂漂亮亮　老老实实　马马虎虎　痛痛快快　干干净净　热热闹闹
硬硬朗朗　扎扎实实　大大咧咧　明明白白　白白净净　大大方方
光光溜溜　规规矩矩　含含糊糊　结结实实　客客气气　利利索索
亮亮堂堂　模模糊糊　清清楚楚　顺顺当当　顺顺溜溜　踏踏实实
严严实实　舒舒服服

不变的——安安全全　朦朦胧胧　蓬蓬勃勃　从从容容　整整齐齐　匆匆忙忙
勤勤恳恳　潦潦草草　风风火火　平平稳稳　完完整整　懵懵懂懂
鬼鬼祟祟　兢兢业业　高高兴兴　安安静静　方方正正　高高大大
平平淡淡　干干脆脆

（二）轻声的作用和读法

1. 轻声的作用

在普通话里，轻声具有区别词义、词性和区分词与短语的作用。

（1）区别词义。

地方 dìfāng：是与中央相对的中央以下的各级行政区划的统称。

地方 dì·fang：指区域、部位、部分。

孙子 sūnzǐ：指古代的军事家。

孙子 sūn·zi：指儿子的儿子。

（2）区分词性。

对头 duìtóu：形容词，表示正确、合适、正常。

对头 duì·tou：名词，指仇敌、对手。

地道 dìdào：名词，指地下通道。

地道 dì·dao：形容词，指真正的、纯粹的。

（3）区分词和短语。

私房 sīfáng：偏正短语，私人的房子。

私房 sī·fang：名词，家庭成员个人积蓄的（财物），形容词，不愿让外人知道的。

打手 dǎshǒu：动宾短语。

打手 dǎ·shou：名词，受主子豢养，替主子欺压、殴打人的恶棍。

（4）增强普通话的音乐性。

普通话的四种调值高低、长短、升降、曲直各有特色，再辅以轻声的变化，普通话的声调便呈现出抑扬顿挫变化丰富，轻重缓急错落有致，听起来就更为自然流畅悦耳动听。因此，在普通话中，有部分词习惯性读轻声，并不是为了区别词和词与短语，而是为了增强普通话表达的音乐性。

2. 轻声的音变规律和读法

普通话的轻声词和方言的轻声词并非一一对应，有些在方言中读轻声的词，在普通话中没有读轻声；有些在方言中没有读轻声的词，在普通话中要读轻声。因此，在学习轻声这种音变现象时，既要掌握轻声音节的正确发音，还要熟记普通话中的轻声词。

轻声音节发音既轻且短，这种轻且短是相对于相邻音节发音长且重而言的。发音轻且短使轻声音节失去了发音的高低走向，但还是有调值高低的存在。一般来说阴平后的轻声音节读 2 度音高，如：他的 / 先生 / 清楚 / 折腾 / 姑娘 / 休息 / 说了；阳平后的轻声音节读 3 度音高，如：红的 / 房子 / 活泼 / 麻烦 / 财主 / 行李 / 粮食；上声后的轻声音节读 4 度音高，如：我的 / 耳朵 / 老实 / 脊梁 / 使唤 / 脑袋 / 喇叭；去声后的轻声音节读 1 度音高，如：坏的 / 丈夫 / 豆腐 / 意思 / 困难 / 吓唬 / 漂亮。

汉语词典对必读轻声音节不标注声调符号，只在音节前加“中圆点”，如：算计 suàn · ji；对一般轻读、间或重读的可轻读音节标注声调符号，并在音节前加“中圆点”，如：会计 kuài·jì。

（1）有规律的语法轻声。

结构助词“的、地、得”读轻声，如：我的笔 / 仔细地察看 / 跑得快。动态助词“着、了、过”读轻声，如：唱着 / 来了 / 说过。语气助词“吧、吗、呢、啊、嘛、啦”读轻声，如：去吧 / 去吗 / 看呢 / 说啊 / 的确嘛 / 行啦。助词“似的”读轻声。

某些名词（或代词）的后缀“子、头、们、么”读轻声，如：桌子 / 木头 / 我们 / 这么。如若“子”“头”为实词，则不轻读，如：砖头 / 烟头 / 游子 / 孺子。

某些叠音词或重叠式合成词（尤以亲属称谓为常），第二个音节读轻声，如爷爷/奶奶。

名词后面的方位词，轻读。如：桌上/乡下/心里/后边/前面。

动词后面表方位、趋向或结果的词，轻读。如：进来/出去/走出去/站起来/说出来/跑进来/落下来/提上来/推过去/冲出去/走进去/活下去/驶过去。

重叠式动词的后一个音节，轻读。如：看看/想想。

"一"嵌在单音节重叠式动词中间，一般轻读，如：看一看/想一想/听一听/谈一谈/洗一洗。动补之间表示否定的"不"，一般轻读。如：看不起/看不清/看不惯。嵌入在部分口语色彩极强的四音节形容词中的"不"和"里"，不表示特别意义，都读轻声。如：黑不溜秋/酸不溜丢/稀里糊涂/稀里哗啦。

（2）词汇轻声，大多数无规律可循，参见本章语流音变练习中的《普通话水平测试用必读轻声词表》。

（三）儿化的作用和读法

1. 儿化的作用

在普通话里，儿化具有区别词义、区分词性和表示一定感情色彩的作用。

（1）区别词义。

例：信（信件）——信儿（消息）　眼（眼睛）——眼儿（小孔）

头（脑袋）——头儿（领头的人）　台风（自然现象）——台风儿（舞台风度）

（2）区分词性。

形容词→名词

例：准——准儿　尖——尖儿　破烂——破烂儿

动词→名词

例：盖——盖儿　画——画儿　罩——罩儿

量词→名词

例：个——个儿

名词→量词

例：手——手儿

动词→量词

例：捆——捆儿　挑——挑儿

（3）表示一定感情色彩。

表示"小""少""轻微"意思。

例：小孩儿　丁点儿　一下儿　一会儿　冰棍儿　门缝儿　牙签儿　书签儿　火柴棍儿

表达特殊感情。

例：红红的小脸蛋儿（可爱）　难闻的臭味儿（厌恶）　慢慢儿走（关心）　他是个小偷儿（鄙视）

2. 儿化的读法

普通话的儿化词和方言的儿化词并非一一对应，有些在方言中儿化的词，在普通话中没有儿化；有些在方言中没有儿化的词，在普通话中要儿化。因此，在学习儿化这种音变现象时，既要掌握儿化韵的正确发音，还要熟记普通话中的儿化词。

儿化韵的发音，一般是在韵母发音结束时，快速将舌尖上翘并轻微卷起，这个过程要连贯，不能将一个儿化音节读成了两个音节。具体读法与儿化音节韵母的末尾音素相关。现代汉语词典第 7 版标注儿化韵时只在儿化字后加右下标“儿”，如：“今$_{儿}$”，拼音标注 jīnr。在文章中往往写作“样儿”，两个字，读一个音；有些儿化韵，虽然汉字“儿”没有写出，但还是要读为儿化。

（1）末尾音素是 a、o、e、ê、u（ao、iao），儿化时主要元音基本不变，直接加卷舌动作。

a——ar 刀把儿 板擦儿 找碴儿 裤衩儿

ia——iar 一下儿 豆芽儿 脚丫儿

ua——uar 香瓜儿 梅花儿 牙刷儿

o——or 粉末儿 雪末儿 锯末儿

uo——uor 干活儿 发火儿 被窝儿 酒窝儿 蝈蝈儿

e——er 饱嗝儿 打嗝儿 挨个儿 山歌儿

ie——ier 台阶儿 半截儿 树叶儿 锅贴儿

üe——üer 丑角儿 旦角儿 主角儿 木橛儿

u——ur 核儿 眼珠儿 面糊儿 摆谱儿 爆肚儿

ao——aor 灯泡儿 桃儿 掌勺儿 口哨儿

iao——iaor 小鸟儿 走调儿 银条儿 面条儿 豆角儿

ou——our 老头儿 死扣儿 衣兜儿 个头儿

iou——iour 抓阄儿 顶牛儿 煤球儿 雪球儿 加油儿

（2）复韵母末尾音素是 i 和 n（in、ün、ei、en 除外），儿化时丢失韵尾 i 和 n，主要元音卷舌。

ai——ar 小孩儿 锅盖儿 小菜儿 名牌儿 鞋带儿

uai——uar 一块儿 乖乖儿

an——ar 脸蛋儿 伙伴儿 杂拌儿 白干儿 门槛儿

ian——iar 小辫儿 差点儿 聊天儿 心眼儿 单弦儿

uan——uar 好玩儿 茶馆儿 小船儿 拐弯儿

üan——üar 出圈儿 绕远儿 烟卷儿 手绢儿 人缘儿

（3）单韵母 i、ü 之后加央元音 [ə] 并卷舌，in、ün 丢失韵尾后加央元音 [ə] 并卷舌，ei、en 直接变为央元音 [ə] 并卷舌。

i——ier 针鼻儿 米粒儿 鞋底儿 肚脐儿

ü——üer 有趣儿 金鱼儿 毛驴儿 小曲儿

in——ier 傻劲儿 一个劲儿 脚印儿 背心儿

ün——üer 短裙儿 合群儿

ei——er 刀背儿 晚辈儿 宝贝儿

en——er 够本儿 开刃儿 邪门儿 纳闷儿 走神儿

uei——uer 麦穗儿 一会儿 走味儿 耳坠儿 跑腿儿

uen——uer 胖墩儿 冰棍儿 花纹儿 打盹儿 没准儿

（4）韵母是舌尖元音 -i[前]、-i[后]，元音变为央元音 [ə] 并卷舌。

-i[前]——er 瓜子儿 咬字儿 铜子儿 石子儿 好词儿 铁丝儿

-i[后]——er 树枝儿 锯齿儿 没事儿 顶事儿

（5）韵尾是 ng，丢失韵尾，主要元音变成鼻化音并卷舌。韵母 ing 丢失 ng 后，需加上鼻化音的央元音 [ə] 后再卷舌。

ang——ɑ 鼻化 +r 药方儿 鞋帮儿 后晌儿

iang——i+ɑ 鼻化 +r 瓜秧儿 唱腔儿 鼻梁儿 透亮儿

uang——u+ɑ 鼻化 +r 天窗儿 蛋黄儿 竹筐儿

eng——e 鼻化 +r 脖颈儿 小凳儿 头绳儿 门缝儿

ueng——u+e 鼻化 +r 瓮儿

ong——o 鼻化 +r　胡同儿 小虫儿 门洞儿 没空儿

ing——i+[ə] 鼻化 +r 杏儿 人影儿 打鸣儿 花瓶儿

iong——i+o 鼻化 +r 小熊儿 哭穷儿

（四）语气词“啊”的音变规律和读法

“啊”单念和作为叹词用于句前单独成句时念 ɑ，不发生音变。“啊”作为语气助词，在语流中，其发音往往受到前一个音节末尾音素的影响而发生音变。汉语拼音不标注变音。

（1）前一个音节最末一个音素为 ɑ、o、e、ê、i、ü，后面的“啊”读 yɑ，通常写作“呀”。

例：他呀 水果呀 歌呀 天上的呀 雪呀 同学呀 注意呀 你呀 去呀 鱼呀 绿呀

（2）前一个音节最末一个音素为 u（ɑo、iɑo），后面的“啊”读 wɑ，通常写作“哇”。

例：读哇 福哇 怪物哇 走哇 加油哇 猫哇 好哇 桥哇

（3）前一个音节最末一个音素为 n，后面的“啊”读 nɑ，通常写作“哪”。

例：看哪 很准哪 真新哪 鲜润哪

（4）前一个音节最末一个音素为 ng，后面的“啊”读 ngɑ，仍写作“啊”。

例：唱啊 一样啊 想啊 光啊 不成啊 行啊 冲啊

（5）前一个音节最末一个音素为 er 和舌尖后元音 -i，后面的“啊”读 rɑ，仍写作“啊”。

例：儿啊 窗台儿啊 快织啊 吃啊 是啊

（6）前一个音节最末一个音素为舌尖前元音 -i，后面的“啊”读 zɑ，仍写作“啊”。

例：孩子啊 一次啊 真丝啊

以上六种音变情况，其中在 a、o、e、ê 后的音变，是属于增音音变，为使两个音节界限更加分明而加了一个“i”；其余均属于连读同化音变，为使音节组合更为协调。

在读文章时，如果已经写为“呀、哇、哪”的就按字读“呀、哇、哪”，如果写的是“啊”才可以根据情况发生音变。

其实，“啊”的音变与语速有关，日常说话等常速语流，往往连读，自然产生音变。朗读和广播等慢速度，往往不连读，也就不产生音变。另外，“啊”用以表示并列关系时，为增进语气，一般都读为“呀”，不必强调按规则变，如：女人的眼泪呀、悲伤呀、痛苦呀，实在是最不可靠、最不保险、最没有意义的。

三、语流音变练习

（一）词语练习

1. 上声的变调练习

上声 + 上声。

饱满 / 保守 / 彼此 / 品种 / 谱写 / 蚂蚁 / 敏感 / 拇指 / 美好 / 勉强 / 反省 / 反感 / 抚养 / 打扫 / 打赌 / 导体 / 诋毁 / 躲闪 / 胆小鬼 / 党委 / 抖擞 / 土匪 / 女子 / 奶粉 / 脑髓 / 老虎 / 老鼠 / 冷饮 / 了解 / 领导 / 理解 / 裸体 / 改组 / 感慨 / 古典 / 骨髓 / 给以 / 港口 / 苟且 / 拱手 / 考古 / 烤火 / 可喜 / 苦恼 / 可以 / 口吻 / 口渴 / 傀儡 / 海港 / 悔改 / 检举 / 剪彩 / 讲演 / 奖品 / 尽管 / 起码 / 请帖 / 洗澡 / 小组 / 小腿 / 想法 / 许久 / 展览 / 掌管 / 指引 / 主体 / 转脸 / 早点 / 总得 / 总统 / 总理 / 走访 / 阻挡 / 产品 / 场所 / 处理 / 采取 / 彩礼 / 审美 / 手稿 / 手法 / 水井 / 所属 / 矮小 / 影响 / 永远 / 允许 / 野草 / 往返 / 稳妥 / 五谷 /

上声 + 阴平。

摆脱 / 百般 / 北京 / 表彰 / 匹夫 / 跑车 / 马车 / 满腔 / 抹杀 / 法规 / 纺织 / 反思 / 打针 / 导师 / 顶端 / 体贴 / 统称 / 奶妈 / 鸟枪 / 扭曲 / 女工 / 理科 / 冷风 / 累积 / 改编 / 感伤 / 感激 / 股东 / 卡车 / 口腔 / 好说 / 海滨 / 火山 / 简称 / 减轻 / 解脱 / 紧张 / 取消 / 请安 / 雪花 / 选修 / 崭新 / 指标 / 嘱托 / 主张 / 转播 / 组织 / 走私 / 祖宗 / 处方 / 喘息 / 采风 / 草包 / 闪光 / 傻瓜 / 审批 / 始终 / 首都 / 手工 / 水星 / 损伤 / 永生 /

上声 + 阳平。

保留 / 保存 / 补偿 / 笔直 / 朴实 / 捧哏 / 满足 / 美德 / 法庭 / 反驳 / 否决 / 党员 / 导游 / 等级 / 挺拔 / 统筹 / 女儿 / 碾盘 / 礼节 / 脸盘 / 履行 / 改革 / 赶忙 / 考核 / 恳求 / 垮台 / 海洋 / 狠毒 / 几何 / 解决 / 解除 / 举行 / 强求 / 乞求 / 启程 / 请求 / 悄然 / 小学 / 选民 / 整齐 / 种族 / 主流 / 主人 / 走廊 / 阻挠 / 嘴唇 / 阐明 / 场合 / 齿轮 / 处于 / 草原 / 彩霞 / 首席 / 水平 / 始终 / 死刑 / 饮食 / 眼前 / 偶然 /

上声 + 去声。

宝藏 / 柏树 / 笔记 / 比较 / 秉性 / 癖好 / 品性 / 马戏 / 美丽 / 猛烈 / 法院 / 反馈 / 诽谤 / 胆怯 / 堵塞 / 陡坡 / 讨论 / 体质 / 挑战 / 脑力 / 暖气 / 懒惰 / 累计 / 理论 / 改造 / 感谢 / 卡片 / 考验 / 渴望 / 好看 / 缓慢 / 假若 / 检测 / 缴纳 / 尽量 / 窘迫 / 起诉 / 请假 / 强迫 / 显著 / 写作 / 展望 / 整顿 / 准备 / 子弟 / 仔细 / 祖父 / 场面 / 处分 / 处境 / 吵架 / 采纳 / 草率 / 闪耀 / 审讯 / 所在 / 染料 / 染色 / 忍耐 / 友谊 / 引进 /

上声 + 轻声。

北边 / 本事 / 本子 / 饼子 / 比方 / 本钱 / 劈柴 / 苤蓝 / 码头 / 马虎 / 反正 / 斧子 / 打扮 / 打发 / 打量 / 打算 / 打听 / 倒腾 / 底子 / 底下 / 点心 / 点缀 / 体面 / 妥当 / 哪个 / 奶奶 / 脑袋 / 脑子 / 女婿 / 暖和 / 你们 / 喇叭 / 老婆 / 老实 / 姥姥 / 里边 / 里头 / 稿子 / 骨头 / 好处 / 伙计 / 火候 / 脊梁 / 讲究 / 姐姐 / 曲子 / 喜欢 / 晓得 / 显得 / 枕头 / 指头 / 早晨 / 怎么 / 嘴巴 / 尺寸 / 尺子 / 使得 / 爽快 / 养活 / 晚上 / 我们 /

2.“一”的变调练习

一字之差 / 一席之地 / 一无所得 / 独一无二 / 大吃一惊 / 有朝一日 / 其中之一 / 一笔一画 / 一百四十 / 一百七十 / 一千六百 / 两千一百 / 一九五八 / 三分之一 / 一二百 / 二十一 / 第一个 / 第一次 / 第一束 / 同一 / 唯一 / 选一 / 第一 / 去一下 / 乍一看 / 一美元 / 一个月 / 一部分 / 一小时 / 一系列 / 一连串 / 一大束 / 一大早 / 一两元 / 一瞬间 / 一霎时 / 一家人 / 一小块 / 一方 / 一对 / 一队 / 一步 / 一列 / 一肩 / 一架 / 一穗 / 一串 / 一家 / 一脸 / 一笑 / 一幕 / 一封 / 一身 / 一番 / 一拍 / 一声 / 一簇 / 一米 / 一次 / 一景 / 一朵 / 一杯 / 一抹 / 一潭 / 一线 / 一团 / 一行 / 一般 / 一枚 / 一再 / 一把 / 一处 / 一卷 / 一叠 / 一路 / 一出 / 一项 / 一类 / 一股 / 一口 / 一分 / 一盘 / 一碟 / 一锅 / 一座 / 一度 / 一地 / 一幅 / 一件 / 一尊 / 一支 / 一箭 / 一颗 / 一棵 / 一见 / 一张 / 一遍 / 一边 / 一支 / 一只 / 一阵 / 一丝 / 一粒 / 一缕 / 一色 / 一层 / 一员 / 一名 / 一年 / 一碧 / 一条 / 一下 / 一盏 / 一页 / 一寸 / 一位 / 一份 / 一起 / 一片 / 一根 / 一头 / 一吹 / 一直 / 一场 / 一夜 / 一看 / 一道 / 一尺 / 一群 / 一定 / 一生 / 一把 / 一弯 / 一件 / 一时 / 一人 / 一眼 / 一闪 / 一星 / 一切 / 一躺 / 一块 / 一日 / 一些 / 一句 / 一共 / 一车 / 一个 / 一天 / 一段 / 一家 / 一样 / 一点 / 一排 / 一株 / 一束 / 一律 / 一丈 / 一种 /

3.“不”的变调练习

不折不挠 / 不冷不热 / 不知不觉 / 不大相称 / 不可胜数 / 不以为然 / 不由分说 / 爱不释手 / 毫不费力 / 络绎不绝 / 卓尔不群 / 禁不住 / 供不起 / 推不开 / 找不到 / 找不出 / 叫不出 / 开不起 / 看不透 / 看不到 / 看不见 / 想不到 / 受不住 / 脱不了 / 算不了 / 算不得 / 舍不得 / 差不多 / 买不起 / 数不清 / 容不下 / 斗不过 / 干不了 / 说不出 / 了不起 / 是不是 / 会不会 / 好不好 / 多不多 / 不降解 / 不可能 / 不怎样 / 不计程 / 不整洁 / 不太久 / 不高兴 / 不雷同 / 不容易 / 不应该 / 不容许 / 不关闭 / 不媚俗 / 不妥协 / 不俯就 / 不苟且 / 不吝惜 / 不拒绝 / 不需要 / 不好看 / 不太好 / 不相信 / 不刮风 / 不坚持 / 不欣赏 / 不例外 / 不浪费 / 不应该 / 不平等 / 不公平 / 不满意 / 不一定 / 不一样 / 不认识 / 不讲究 / 不在意 / 不在乎 / 不由得 / 不那么 / 不喜欢 / 不知道 / 不用 / 不是 / 不美 / 不缺 / 不屈 / 不想 / 不要 / 不错 / 不多 / 不仅 /

不去 / 不像 / 不再 / 不在 / 不足 / 不论 / 不如 / 不准 / 不久 / 不会 / 不停 / 不断 / 不能 / 不解 / 不够 / 不幸 / 不可 / 不同 / 不懂 / 不满 / 不堪 / 不只 / 不止 / 不深 / 不卖 / 不过 / 不忘 / 不光 / 不衰 / 不动 / 不但 / 不甘 / 不加 / 不管 / 不时 / 不少 / 不无 / 不走 / 不愿 / 不让 / 不停 / 不舍 / 不喝 / 不吃 / 不杂 / 不禁 / 不为 / 不大 / 不敢 / 不远 / 不变 / 不时 / 不留 / 不就 / 不忍 / 不灵 / 不拔 / 不见 / 不败 / 不已 / 不许 / 不到 / 不达 / 不看 / 不妨 / 不守 / 不良 / 不叫 / 不劳 / 不使 / 不及 / 不曾 / 不悦 / 不笨 / 不对 / 不致 / 不住 /

4. 普通话水平测试用必读轻声词语表

爱人 / 案子 / 巴掌 / 把子 bǎ · zi/bà · zi/ 爸爸 / 白净 / 班子 / 板子 / 帮手 / 梆子 / 膀子 / 棒槌 / 棒子 / 包袱 / 包涵 / 包子 / 豹子 / 杯子 / 被子 / 本事 / 本子 / 鼻子 / 比方 / 鞭子 / 扁担 / 辫子 / 别扭 / 饼子 / 拨弄 / 脖子 / 簸箕 / 补丁 / 不由得 / 不在乎 / 步子 / 部分 / 裁缝 / 财主 / 苍蝇 / 差事 / 柴火 / 肠子 / 厂子 / 场子 / 车子 / 称呼 / 池子 / 尺子 / 虫子 / 绸子 / 除了 / 锄头 / 畜生 / 窗户 / 窗子 / 锤子 / 刺猬 / 凑合 / 村子 / 耷拉 / 答应 / 打扮 / 打点 / 打发 / 打量 / 打算 / 打听 / 大方 / 大 / 大夫 / 带子 / 袋子 / 耽搁 / 耽误 / 单子 / 胆子 / 担子 / 刀子 / 道士 / 稻子 / 灯笼 / 凳子 / 提防 / 笛子 / 底子 / 地道 / 地方 / 弟弟 / 弟兄 / 点心 / 调子 / 钉子 / 东家 / 东西 / 动静 / 动弹 / 豆腐 / 豆子 / 嘟囔 / 肚子 dǔ · zi/ dù · zi/ 缎子 / 对付 / 对头 / 队伍 / 多么 / 蛾子 / 儿子 / 耳朵 / 贩子 / 房子 / 废物 / 份子 / 风筝 / 疯子 / 福气 / 斧子 / 盖子 / 甘蔗 / 杆子 / 杆子 / 干事 / 杠子 / 高粱 / 膏药 / 稿子 / 告诉 / 疙瘩 / 哥哥 / 胳膊 / 鸽子 / 格子 / 个子 / 根子 / 跟头 / 工夫 / 弓子 / 公公 / 功夫 / 钩子 / 姑姑 / 姑娘 / 谷子 / 骨头 / 故事 / 寡妇 / 褂子 / 怪物 / 关系 / 官司 / 罐头 / 罐子 / 规矩 / 闺女 / 鬼子 / 柜子 / 棍子 / 锅子 / 果子 / 蛤蟆 / 孩子 / 含糊 / 汉子 / 行当 / 合同 / 和尚 / 核桃 / 盒子 / 红火 / 猴子 / 后头 / 厚道 / 狐狸 / 胡萝卜 / 胡琴 / 糊涂 / 护士 / 皇上 / 幌子 / 活泼 / 火候 / 伙计 / 机灵 / 脊梁 / 记号 / 记性 / 夹子 / 家伙 / 架势 / 架子 / 嫁妆 / 尖子 / 茧子 / 剪子 / 见识 / 毽子 / 将就 / 交情 / 饺子 / 叫唤 / 轿子 / 结实 / 街坊 / 姐夫 / 姐姐 / 戒指 / 金子 / 精神 / 镜子 / 舅舅 / 橘子 / 句子 / 卷子 / 咳嗽 / 客气 / 空子 / 口袋 / 口子 / 扣子 / 窟窿 / 裤子 / 快活 / 筷子 / 框子 / 困难 / 阔气 / 喇叭 / 喇嘛 / 篮子 / 懒得 / 浪头 / 老婆 / 老实 / 老太太 / 老头子 / 老爷 / 老子 / 姥姥 / 累赘 / 篱笆 / 里头 / 力气 / 厉害 / 利落 / 利索 / 例子 / 栗子 / 痢疾 / 连累 / 帘子 / 凉快 / 粮食 / 两口子 / 料子 / 林子 / 翎子 / 领子 / 溜达 / 聋子 / 笼子 / 炉子 / 路子 / 轮子 / 萝卜 / 骡子 / 骆驼 / 妈妈 / 麻烦 / 麻利 / 麻子 / 马虎 / 码头 / 买卖 / 麦子 / 馒头 / 忙活 / 冒失 / 帽子 / 眉毛 / 媒人 / 妹妹 / 门道 / 眯缝 / 迷糊 / 面子 / 苗条 / 苗头 / 名堂 / 名字 / 明白 / 蘑菇 / 模糊 / 木匠 / 木头 / 那么 / 奶奶 / 难为 / 脑袋 / 脑子 / 能耐 / 你们 / 念叨 / 念头 / 娘家 / 镊子 / 奴才 / 女婿 / 暖和 / 疟疾 / 拍子 / 牌楼 / 牌子 / 盘算 / 盘子 / 胖子 / 狍子 / 盆子 / 朋友 / 棚子 / 脾气 / 皮子 / 痞子 / 屁股 / 片子 / 便宜 / 骗子 / 票子 / 漂亮 / 瓶子 / 婆家 / 婆婆 / 铺盖 / 欺负 / 旗子 / 前头 / 钳子 / 茄子 / 亲戚 / 勤快 / 清楚 / 亲家 / 曲子 / 圈子 / 拳头 / 裙子 / 热闹 / 人家 / 人们 / 认识 / 日子 / 褥子 / 塞子 / 嗓子 / 嫂子 / 扫帚 / 沙子 / 傻子 / 扇子 / 商量 / 晌午 / 上司 / 上头 / 烧饼 / 勺子 / 少爷 / 哨子 / 舌头 / 身子 / 什么 / 婶子 / 生意 / 牲口 / 绳子 / 师父 / 师傅 / 虱子 / 狮子 / 石匠 / 石榴 / 石头 / 时候 / 实在 / 拾掇 / 使唤 / 世故 / 似的 / 事情 / 柿子 / 收成 / 收拾 / 首饰 / 叔叔 / 梳子 / 舒服 / 舒坦 / 疏忽 /

爽快/思量/算计/岁数/孙子/他们/它们/她们/台子/太太/摊子/坛子/毯子/桃子/特务/梯子/蹄子/挑剔/挑子/条子/跳蚤/铁匠/亭子/头发/头子/兔子/妥当/唾沫/挖苦/娃娃/袜子/晚上/尾巴/委屈/为了/位置/位子/蚊子/稳当/我们/屋子/稀罕/席子/媳妇/喜欢/瞎子/匣子/下巴/吓唬/先生/乡下/箱子/相声/消息/小伙子/小气/小子/笑话/谢谢/心思/星星/猩猩/行李/性子/兄弟/休息/秀才/秀气/袖子/靴子/学生/学问/丫头/鸭子/衙门/哑巴/胭脂/烟筒/眼睛/燕子/秧歌/养活/样子/吆喝/妖精/钥匙/椰子/爷爷/叶子/一辈子/衣服/衣裳/椅子/意思/银子/影子/应酬/柚子/冤枉/院子/月饼/月亮/云彩/运气/在乎/咱们/早上/怎么/扎实/眨巴/栅栏/宅子/寨子/张罗/丈夫/帐篷/丈人/帐子/招呼/招牌/折腾/这个/这么/枕头/镇子/芝麻/知识/侄子/指甲/指头/种子/珠子/竹子/主意/主子/柱子/爪子/转悠/庄稼/庄子/壮实/状元/锥子/桌子/字号/自在/粽子/祖宗/嘴巴/作坊/琢磨/

5. 普通话水平测试用儿化词表

刀把儿/号码儿/戏法儿/在哪儿/找碴儿/打杂儿/板擦儿/名牌儿/鞋带儿/窗台儿/壶盖儿/小孩儿/加塞儿/快板儿/老伴儿/蒜瓣儿/脸盘儿/脸蛋儿/收摊儿/栅栏儿/包干儿/笔杆儿/门槛儿/药方儿/赶趟儿/香肠儿/瓜瓤儿/掉价儿/一下儿/豆芽儿/小辫儿/照片儿/扇面儿/差点儿/一点儿/雨点儿/聊天儿/拉链儿/冒尖儿/坎肩儿/牙签儿/露馅儿/心眼儿/鼻梁儿/透亮儿/花样儿/脑瓜儿/大褂儿/麻花儿/笑话儿/牙刷儿/一块儿/茶馆儿/饭馆儿/火罐儿/落款儿/打转儿/拐弯儿/好玩儿/大腕儿/蛋黄儿/打晃儿/天窗儿/烟卷儿/手绢儿/出圈儿/包圆儿/人缘儿/绕远儿/杂院儿/刀背儿/摸黑儿/老本儿/花盆儿/嗓门儿/把门儿/哥们儿/纳闷儿/后跟儿/高跟儿鞋/别针儿/一阵儿/走神儿/大婶儿/小人儿书/杏仁儿/刀刃儿/钢镚儿/夹缝儿/脖颈儿/提成儿/半截儿/小鞋儿/旦角儿/主角儿/跑腿儿/一会儿/耳垂儿/墨水儿/围嘴儿/烟嘴儿/走味儿/打盹儿/胖墩儿/砂轮儿/冰棍儿/没准儿/开春儿/小瓮儿/瓜子儿/石子儿/没词儿/挑刺儿/墨汁儿/锯齿儿/记事儿/针鼻儿/垫底儿/肚脐儿/玩意儿/有劲儿/送信儿/脚印儿/花瓶儿/打鸣儿/图钉儿/门铃儿/眼镜儿/蛋清儿/火星儿/人影儿/毛驴儿/小曲儿/痰盂儿/合群儿/模特儿/逗乐儿/唱歌儿/挨个儿/打嗝儿/饭盒儿/在这儿/碎步儿/没谱儿/儿媳妇儿/泪珠儿/有数儿/梨核儿/果冻儿/门洞儿/胡同儿/抽空儿/酒盅儿/小葱儿/小熊儿/红包儿/灯泡儿/半道儿/手套儿/跳高儿/叫好儿/口罩儿/绝招儿/口哨儿/蜜枣儿/鱼漂儿/火苗儿/跑调儿/面条儿/豆角儿/开窍儿/衣兜儿/年头儿/老头儿/小偷儿/门口儿/纽扣儿/线轴儿/小丑儿/顶牛儿/抓阄儿/打球儿/棉球儿/加油儿/火锅儿/做活儿/大伙儿/邮戳儿/小说儿/被窝儿/粉末儿/耳膜儿/

6. 混合练习

小瓮儿/一点儿/酒盅儿/小说儿/老本儿/耳垂儿/拐弯儿/脸盘儿/打嗝儿/有劲儿/小丑儿/老本儿/手绢儿/老头儿/雨点儿/一阵儿/一会儿/一圈儿/

一霎儿 / 一丁点儿 / 一下子 / 靠不住 / 一辈子 / 基本功 / 标准化 / 胆小鬼 / 手工业 / 主人翁 / 染色体 / 红领巾 / 望远镜 / 自始至终 / 语重心长 / 一目了然 / 独一无二 / 不约而同 / 不速之客 /

（二）朗读篇目练习

1. 上声变调专项训练

海洋与生命

生命在海洋里诞生绝不是偶然的，海洋的物理和化学性质，使它成为孕育原始生命的摇篮。

我们知道，水是生物的重要组成部分，许多动物组织的含水量在百分之八十以上，而一些海洋生物的含水量高达百分之九十五。水是新陈代谢的重要媒介，没有它，体内的一系列生理和生物化学反应就无法进行，生命也就停止。因此，在短时期内动物缺水要比缺少食物更加危险。水对今天的生命是如此重要，它对脆弱的原始生命，更是举足轻重了。生命在海洋里诞生，就不会有缺水之忧。

水是一种良好的溶剂。海洋中含有许多生命所必需的无机盐，如氯化钠、氯化钾、碳酸盐、磷酸盐，还有溶解氧，原始生命可以毫不费力地从中吸取它所需要的元素。

水具有很高的热容量，加之海洋浩大，任凭夏季烈日曝晒，冬季寒风扫荡，它的温度变化却比较小。因此，巨大的海洋就像是天然的“温箱”，是孕育原始生命的温床。

阳光虽然为生命所必需，但是阳光中的紫外线却有扼杀原始生命的危险。水能有效地吸收紫外线，因而又为原始生命提供了天然的“屏障”。

这一切都是原始生命得以产生和发展的必要条件。

——节选自童裳亮《海洋与生命》

2.“一”“不”变调专项训练

鸟的天堂

我们的船渐渐地逼近榕树了。我有机会看清它的真面目：是一棵大树，有数不清的丫枝，枝上又生根，有许多根一直垂到地上，伸进泥土里。一部分树枝垂到水面，从远处看，就像一棵大树斜躺在水面上一样。

现在正是枝繁叶茂的时节。这棵榕树好像在把它的全部生命力展示给我们看。那么多的绿叶，一簇堆在另一簇的上面，不留一点缝隙。翠绿的颜色明亮地在我们的眼前闪耀，似乎每一片树叶上都有一个新的生命在颤动，这美丽的南国的树！

船在树下泊了片刻，岸上很湿，我们没有上去。朋友说这里是“鸟的天堂”，有许多鸟在这棵树上做窝，农民不许人去捉它们。我仿佛听见几只鸟扑翅的声音，但是等到我的眼睛注意地看那里时，我却看不见一只鸟的影子。只有无数的树根立在地上，像许多根木桩。地是湿的，大概涨潮时河水常常冲上岸去。“鸟的天堂”里没有一只鸟，我这样想到。船开了，一个朋友拨着船，缓缓地流到河中间去。

第二天，我们划着船到一个朋友的家乡去，就是那个有山有塔的地方。从学校出发，我们又经过那“鸟的天堂”。

这一次是在早晨，阳光照在水面上，也照在树梢上。一切都 // 显得非常光明。我们的船也在树下泊了片刻。

起初四周围非常清静。后来忽然起了一声鸟叫。我们把手一拍，便看见一只大鸟飞了起来，接着又看见第二只，第三只。我们继续拍掌，很快地这个树林就变得很热闹了。到处都是鸟声，到处都是鸟影。大的，小的，花的，黑的，有的站在枝上叫，有的飞起来，在扑翅膀。

——节选自巴金《鸟的天堂》

3. 形容词生动式音变专项训练

第一场雪

这是入冬以来，胶东半岛上第一场雪。

雪纷纷扬扬，下得很大。开始还伴着一阵儿小雨，不久就只见大片大片的雪花，从彤云密布的天空中飘落下来。地面上一会儿就白了。冬天的山村，到了夜里就万籁俱寂，只听得雪花簌簌地不断往下落，树木的枯枝被雪压断了，偶尔咯吱一声响。

大雪整整下了一夜。今天早晨，天放晴了，太阳出来了。推开门一看，嗬！好大的雪啊！山川、河流、树木、房屋，全都罩上了一层厚厚的雪，万里江山，变成了粉妆玉砌的世界。落光了叶子的柳树上挂满了毛茸茸亮晶晶的银条儿；而那些冬夏常青的松树和柏树上，则挂满了蓬松松沉甸甸的雪球儿。一阵风吹来，树枝轻轻地摇晃，美丽的银条儿和雪球儿簌簌地落下来，玉屑似的雪末儿随风飘扬，映着清晨的阳光，显出一道道五光十色的彩虹。

大街上的积雪足有一尺多深，人踩上去，脚底下发出咯吱咯吱的响声。一群群孩子在雪地里堆雪人，掷雪球，那欢乐的叫喊声，把树枝上的雪都震落下来了。

俗话说，“瑞雪兆丰年”。这个话有充分的科学根据，并不是一句迷信的成语。寒冬大雪，可以冻死一部分越冬的害虫；融化了的水渗进土层深处，又能供应 // 庄稼生长的需要。我相信这一场十分及时的大雪，一定会促进明年春季作物，尤其是小麦的丰收。有经验的老农把雪比作是“麦子的棉被”。冬天“棉被”盖得越厚，明春麦子就长得越好，所以又有这样一 句谚语：“冬天麦盖三层被，来年枕着馒头睡。”

我想，这就是人们为什么把及时的大雪称为“瑞雪”的道理吧。

——节选自峻青《第一场雪》

4. 轻声专项训练

差 别

两个同龄的年轻人同时受雇于一家店铺，并且拿同样的薪水。可是一段时间后，叫阿诺德的那个小伙子青云直上，而那个叫布鲁诺的小伙子却仍在原地踏步。布鲁诺很不满意老板的不公正待遇。终于有一天他到老板那儿发牢骚了。老板一边耐心地听着他的抱怨，一边在心里盘算着怎样向他解释清楚他和阿诺德之间的差别。

“布鲁诺先生，”老板开口说话了，“您现在到集市上去一下，看看今天早上有什么卖的。”布鲁诺从集市上回来向老板汇报说：“今早集市上只有一个农民拉了一车土豆在卖。”“有多少?”老板问。

布鲁诺赶快戴上帽子又跑到集上,然后回来告诉老板一共四十袋土豆。

“价格是多少?”

布鲁诺又第三次跑到集上问来了价格。

“好吧。”老板对他说,“现在请您坐到这把椅子上一句话也不要说,看看阿诺德怎么说。”

阿诺德很快就从集市上回来了。向老板汇报说到现在为止只有一个农民在卖土豆,一共四十口袋,价格是多少多少;土豆质量很不错,他带回来一个让老板看看。这个农民一个钟头以后还会弄来几箱西红柿,据他看价格非常公道。昨天他们铺子的西红柿卖得很快,库存已经不多了。他想这么便宜的西红柿,老板肯定会要进一些的,所以他不仅带回了一个西红柿做样品,而且把那个农民也带来了,他现在正在外面等回话呢。

此时老板转向了布鲁诺,说:“现在您肯定知道为什么阿诺德的薪水比您高了吧!”

——节选自张健鹏、胡足青主编《故事时代》中《差别》

5. 儿化专项练习

济南的冬天

对于一个在北平住惯的人,像我,冬天要是不刮风,便觉得是奇迹;济南的冬天是没有风声的。对于一个刚由伦敦回来的人,像我,冬天要能看得见日光,便觉得是怪事;济南的冬天是响晴的。自然,在热带的地方,日光是永远那么毒,响亮的天气,反有点叫人害怕。可是,在北中国的冬天,而能有温晴的天气,济南真得算个宝地。

设若单单是有阳光,那也算不了出奇。请闭上眼睛想:一个老城,有山有水,全在天底下晒着阳光,暖和安适地睡着,只等春风来把它们唤醒,这是不是个理想的境界?小山整把济南围了个圈儿,只有北边缺着点口儿。这一圈小山在冬天特别可爱,好像是把济南放在一个小摇篮里,它们安静不动地低声地说:“你们放心吧,这儿准保暖和。”真的,济南的人们在冬天是面上含笑的。他们一看那些小山,心中便觉得有了着落,有了依靠。他们由天上看到山上,便不知不觉地想起:“明天也许就是春天了吧?这样的温暖,今天夜里山草也许就绿起来了吧?”就是这点幻想不能一时实现,他们也并不着急,因为有这样慈善的冬天,干啥还希望别的呢!

最妙的是下点小雪呀。看吧,山上的矮松越发的青黑,树尖儿上 // 顶着一髻儿白花,好像日本看护妇。山尖儿全白了,给蓝天镶上一道银边。山坡上,有的地方雪厚点儿,有的地方草色还露着;这样,一道儿白,一道儿暗黄,给山们穿上一件带水纹儿的花衣;看着看着,这件花衣好像被风儿吹动,叫你希望看见一点儿更美的山的肌肤。等到快日落的时候,微黄的阳光斜射在山腰上,那点儿薄雪好像忽然害了羞,微微露出点儿粉色。就是下小雪吧,济南是受不住大雪的,那些小山太秀气。

——节选自老舍《济南的冬天》

6. 语气词“啊”专项训练

绿

梅雨潭闪闪的绿色招引着我们，我们开始追捉她那离合的神光了。揪着草，攀着乱石，小心探身下去，又鞠躬过了一个石穹门，便到了汪汪一碧的潭边了。

瀑布在襟袖之间，但我的心中已没有瀑布了。我的心随潭水的绿而摇荡。那醉人的绿呀！仿佛一张极大极大的荷叶铺着，满是奇异的绿呀。我想张开两臂抱住她，但这是怎样一个妄想呀。

站在水边，望到那面，居然觉着有些远呢！这平铺着、厚积着的绿，着实可爱。她松松的皱缬着，像少妇拖着的裙幅，她轻轻的摆弄着；像跳动的初恋的处女的心，她滑滑的明亮着，像涂了“明油”一般，有鸡蛋清那样软，那样嫩，令人想着所曾触过的最嫩的皮肤；她又不杂些儿尘滓，宛然一块温润的碧玉，只清清的一色，但你却看不透她！

我曾见过北京什刹海拂地的绿杨，脱不了鹅黄的底子，似乎太淡了。我又曾见过杭州虎跑寺旁高峻而深密的“绿壁”，丛叠着无穷的碧草与绿叶的，那又似乎太浓了。其余呢，西湖的波太明了，秦淮河的水又太暗了。可爱的，我将什么来比拟你呢？我怎么比拟得出呢？大约潭是很深的，故能蕴蓄着这样奇异的绿；仿佛蔚蓝的天融了一块在里面似的，这才这般的鲜润呀。

那醉人的绿呀！我若能裁你以为带，我将赠给那轻盈的 // 舞女；她必能临风飘举了。我若能挹你以为眼，我将赠给那善歌的盲妹；她必明眸善睐了。我舍不得你；我怎舍得你呢？我用手拍着你，抚摩着你，如同一个十二三岁的小姑娘。我又掬你入口，便是吻着她了。我送你一个名字，我从此叫你“女儿绿”，好么？

第二次到仙岩的时候，我不禁惊诧于梅雨潭的绿了。

——节选自朱自清《绿》

7. 综合练习

迷途笛音

那年我六岁。离我家仅一箭之遥的小山坡旁，有一个早已被废弃的采石场，双亲从来不准我去那儿，其实那儿风景十分迷人。

一个夏季的下午，我随着一群小伙伴偷偷上那儿去了。就在我们穿越了一条孤寂的小路后，他们却把我一个人留在原地，然后奔向“更危险的地带”了。

等他们走后，我惊慌失措地发现，再也找不到要回家的那条孤寂的小道了。像只无头的苍蝇，我到处乱钻，衣裤上挂满了芒刺。太阳已经落山，而此时此刻，家里一定开始吃晚餐了，双亲正盼着我回家…… 想着想着，我不由得背靠着一棵树，伤心地呜呜大哭起来……

突然，不远处传来了声声柳笛。我像找到了救星，急忙循声走去。一条小道边的树桩上坐着一位吹笛人，手里还正削着什么。走近细看，他不就是被大家称为“乡巴佬儿”的卡廷吗？

“你好，小家伙儿，”卡廷说，“看天气多美，你是出来散步的吧？”

我怯生生地点点头，答道：“我要回家了。”

"请耐心等上几分钟，"卡廷说，"瞧，我正在削一支柳笛，差不多就要做好了，完工后就送给你吧！"

卡廷边削边不时把尚未成形的柳笛放在嘴里试吹一下。没过多久，一支柳笛便递到我手中。我俩在一阵阵清脆悦耳的笛音 // 中，踏上了归途……

当时，我心中只充满感激，而今天，当我自己也成了祖父时，却突然领悟到他用心之良苦！那天当他听到我的哭声时，便判定我一定迷了路，但他并不想在孩子面前扮演"救星"的角色，于是吹响柳笛以便让我能发现他，并跟着他走出困境！就这样，卡廷先生以乡下人的纯朴，保护了一个小男孩强烈的自尊。

——节选自唐若水译《迷途笛音》

第五章　单音节字测试要领

一、单音节字测试概况

（一）测试要求

普通话水平测试试卷的第一道题是“读单音节字词 100 个”，共 100 个音节，不包括轻声和儿化音节。这道题测试目的是考查应试人声母、韵母、声调读音的标准程度。本题读错了可以及时纠正，但只能纠正 1 次，以第 2 次读音判分，隔音节改读无效。

（二）分值构成

读单音节字词的满分是 10 分，每个音节 0.1 分。出现语音错误每个音节（单字）扣 0.1 分；出现语音缺陷每个音节（单字）扣 0.05 分。

（三）评分要求

1. 语音错误

语音错误，原则上是指普通话语音（音位）系统中，把一个音（音位）误读作另一个音（音位），即把“此”读作“彼”，把“甲”读作“乙”。只要声母、韵母、声调三者之一出现错误即可认定一个音节的语音错误。比如把“常”念成“cáng”，把“应”念成“yīn”；或者采取不读、跳读等方式处理，都算作语音错误。

2. 语音缺陷

语音缺陷，概括地说是指发音没有完全达到标准程度的情况。这种情况，从语音的物理属性方面分析，存在明显的偏差，但是它一般不会在交际中造成困难或误解。

在声母上，主要指声母的发音部位不够准确，但还不是把普通话里的某一类声母读成另一类声母，比如把 zh、ch 、sh 读成接近 z、c、s，但是又没有完全读成 z、c、s。

在韵母上，主要指合口呼、撮口呼韵母圆唇度明显不够，语感差；开口呼韵母开口度明显不够，听感性质明显不符；复韵母舌位动程不够；鼻音尾韵母收音明显不够，鼻音尾不明显等。

在声调上，调型基本正确，但调值明显偏低或偏高，特别是四个声调的相对高点或低点明显不一致等。

3. 超时扣分

这道题限时 3.5 分钟。用时超过 3.5 分钟，不到 4.5 分钟，扣 0.5 分；用时达到和超过 4.5 分钟，扣 1 分。

二、单音节字扣分点分析

（一）声母扣分点举例分析

1. 语音错误基本类型

（1）把舌尖后音（翘舌音）zh、ch、sh 读作舌尖前音（平舌音）z、c、s。

（2）把舌尖前音（平舌音）z、c、s 读作舌尖后音（翘舌音）zh、ch、sh。

（3）把舌尖中鼻音 n 读作舌尖中边音 l。

（4）把舌尖中边音 l 读作舌尖中鼻音 n。

（5）把舌面后清擦音 h（韵母是合口呼 u）读作唇齿清擦音 f。

（6）把唇齿清擦音 f 读作舌面后清擦音 h（韵母是合口呼 u）。

（7）把送气音 p、t、k、q、ch、c 读作不送气音 b、d、g、j、zh、z。

（8）把不送气音 b、d、g、j、zh、z 读作送气音 p、t、k、q、ch、c。

（9）把舌尖后浊擦音 r 读作舌尖前浊擦音 [z]。

（10）把舌尖后浊擦音 r 读作舌尖中边音 l。

（11）把舌尖后浊擦音 r 读作齐齿呼零声母 y。

（12）把零声母（即无辅音声母开头）读作舌尖中鼻音 n。

（13）把零声母（即无辅音声母开头）读作舌面后（舌根）鼻音 ng。

（14）把舌面前音 j、q、x 读作舌尖前音 z、c、s。

（15）把部分合口呼零声母 w 读作双唇鼻音 m。

2. 语音缺陷基本类型

（1）舌尖后音 zh、ch、sh、r 的发音部位靠前，实际发音部位舌尖是接触或接近上齿龈（上牙床）n、l 的部位。

（2）唇齿清擦音 f 上齿作用不明显，带有双唇摩擦，接近双唇清擦音 b、p。

（3）舌面后清擦音 h 发音部位靠后，即发作喉门擦音 [h]。

（4）舌面前音 j、q、x 发音部位明显靠前，但还未纯粹读成舌尖前音 z、c、s，实际音色接近舌叶音。

（5）把舌尖前音 z、c、s 读成齿间音（上下齿咬着舌头发音）。

（6）把韵母 u、uo 的零声母 w 读成唇齿浊擦音 v。

（7）把重读音节中不送气的清塞音 b、d、g、清塞擦音 j 声母（声带不振动）读作不送气的浊塞音、浊塞擦音（声带振动）。

（8）齐齿呼（i 或 i 开头）韵母前面的声母 d、t 带有腭化色彩（发音部位靠后，接近 j、q、x 的位置）。

（9）发舌尖后音 zh、ch、sh、r 时，舌尖后卷发成了卷舌音，产生“大舌头”的色彩。

3. 西南官话区易错声母

（1）z-zh、c-ch、s-sh、r：平翘舌要分清。

例如：

川 船 证 支 枝 脂 直 值 指
志 致 肿 众 肘 皱 穗 缩 宅
窄 债 展 掌 胀 赵 遮 哲 浙
蔗 诊 枕 睁 蒸 所 锁 咂 宰
再 在 葬 糟 凿 早 彩 财 搔
柴 梢 烧 勺 射 摄 神 审 肾

（2）n-l：变鼻音不能混淆。

例如：

腊 辣 栏 滥 劳 镭 垒 厘 梨
敛 脸 练 恋 粮 晾 疗 料 咧
劣 裂 林 林 磷 鳞 龄 另 流
硫 柳 绺 垄 拢 楼 陋 鲁 录

（二）韵母扣分点举例分析

1. 语音错误基本类型

（1）把后半高不圆唇元音 e 读作前半低元音 ê，或读作前半高元音 [e]。

（2）卷舌韵母 er 没有卷舌色彩。

（3）舌尖前元音 -i（前）没有保持单元音的状态，明显向央元音的舌位滑动。

（4）舌尖后元音 -i（后）没有保持单元音的状态，明显向央元音的舌位滑动，有的同时带有卷舌色彩。

（5）前高不圆唇元音 i 没有保持单元音的状态，明显向央元音的舌位滑动。

（6）当后半高不圆唇元音 e 处在舌尖后音（翘舌音）声母后面，舌位靠前，带有卷舌色彩。

（7）把圆唇音复合的复韵母 uo 读作后半高不圆唇的单元音 o。

（8）把韵母 ie、üe 中的前中不圆唇元音 ê，读作后半高不圆唇元音 e。

（9）把复韵母 uo 明显读作后半高圆唇的单元音 o。

（10）把撮口呼韵母 ü 读作齐齿呼韵母 i。

（11）宽窄（即舌位移动幅度的大小，并伴随口形的开合）复韵母相混、宽窄鼻韵母相混，特指韵头、韵尾相同，而韵腹元音舌位高低不同的韵母相混，即：ai → ei，ao → ou，ia → ie，ua → uo，iao → iou，uai → uei，ei → ai，ou → ao，ie → ia， uo → ua，iou → iao，uei → uai，an → en，ang → eng，ian → in，iang → ing，uan → uen，uang → ueng（ong），üan → ün，en → an，eng → ang，in → ian，ing → iang，uen → uan，ueng（ong）→ uang，ün → üan。

（12）把有韵头的韵母读作无韵头的韵母。

（13）把无韵头的韵母读作有韵头的韵母。

（14）把带鼻辅音的韵尾 -n 的韵母（前鼻音韵母）读作带鼻辅音韵尾 -ng 的韵母（后鼻音韵母）。

（15）把带鼻辅音韵尾 -ng 的韵母（后鼻音韵母）读作带鼻辅音的韵尾 -n 的韵母（前鼻音韵母）。

（16）把二合前响复合元音读作单元音。

（17）把三合复合元音读作二合复合元音。

（18）把鼻韵母读作鼻化元音。

（19）鼻韵母没有鼻辅音（包括半鼻化音）收尾，变成开尾韵。

（20）遗留入声双唇塞音韵尾 -b，以及明显遗留舌尖中塞音韵尾 -d，明显遗留舌面后塞音韵尾 -g。

（21）把与唇音声母 b、p、m、f 相拼的舌面前高不圆唇元音 i 读作舌尖前元音 -i（前）。

（22）鼻韵尾 -n 读作鼻韵尾 -m。

2. 语音缺陷基本类型

（1）把单韵母（央低元音）a 明显读作前低不圆唇元音或后低不圆唇元音、后低圆唇元音。

（2）单韵母（高元音）i、u、ü 带有摩擦，实际已经成为或接近半元音。

（3）单韵母 u 的舌位靠前，接近央元音 u。

（4）卷舌韵母 er 虽有卷舌色彩，但相当不自然。

（5）舌尖前韵母 -i（前）有摩擦，接近舌尖前浊擦音（声带振动）。

（6）舌尖后韵母 -i（后）有摩擦，接近舌尖后浊擦音（声带振动）。

（7）舌尖后韵母 -i（后）有拢唇的动作。

（8）二合前响复合元音动程明显不到位，但还没有发成单元音。

（9）三合前响复合元音动程明显不到位，但还没有发成二合元音。

（10）把韵母 ao、iao 中韵腹后低不圆唇元音读作央低不圆唇元音或前低不圆唇元音。

（11）把韵母 ai、uai 中的前低不圆唇元音读作接近央低元音，甚至后低不圆唇元音或后低圆唇元音。

（12）韵母 ie、üe 中的前中不圆唇元音读音接近央中元音（也称作“混元音”）。

（13）把韵母 ie、üe 中的前中不圆唇元音读作前半高不圆唇元音。

（14）韵母 ou、iou 中韵腹、韵尾整体舌位靠前。

（15）韵母 iou、uei、uen 在声调是上声、去声时，或 uei、uen 同舌面后（舌根）声母相拼时，韵腹弱化或消失。

（16）韵母 ian 中的韵腹 a 开口度大，韵腹实际成为前低不圆唇元音。

（17）韵母 üan 中韵腹 a 开口度大，韵腹实际成为央低不圆唇元音。

（18）韵母 an 开口度小，舌位高。

（19）在有介音（韵头）-i- 的音节中，i 介音音长太短。

（20）在有介音（韵头）-u- 的音节中，u 介音圆唇度明显不够（常同 u 舌位靠前有关）。

（21）在有介音（韵头）-ü- 的音节中，ü 介音圆唇度明显不够（常同 ü 舌位偏低有关）。

（22）鼻韵母 in、ing 中 i 和鼻韵尾之间（特别是在阴平、阳平时）明显嵌入央元音。

（23）元音韵尾 -i、-u（o）过于强调或突出。

（24）遗留轻微的入声喉塞音韵尾。

（25）过分强调鼻音韵尾 -n、-ng，使韵尾延长。

3. 西南官话区易错韵母

-n、-ng：后鼻韵发音一定要到位。

例如：

廷	整	温	瘟	纹	稳	问	翁	瓮	心
盆	彭	棚	碰	贫	评	凭	瓶	萍	琴
寝	沁	忍	扔	仍	神	审	肾	慎	磷
蒸	龄	另	民	皿	闽	敏	枕	铭	嫩
跟	耕	升	笙	绳	圣	剩	疼	藤	厅

（三）声调扣分点举例分析

1. 语音错误基本类型

（1）把阴平调调值 55（高平调）读作升调，包括高升调 35、中升调 24、低升调 13、全升调 15 等。

（2）把阴平调调值 55（高平调）读作降调，包括高降调 53、中降调 42、低降调 31、全降调 51 等。

（3）把阴平调调值 55（高平调）读作曲折调，包括高降升调 535、中降升调 424、低降升调 313、全降低升调 513、低降全升调 315、高升降调 353、中升降调 242、低升降调 131、高升全降调 351、全升高降调 153 以及低降升调 214 等。

（4）把阳平调调值 35（高升调）读作平调，包括高平调 55、半高平调 44、中平调 33、半低平调 22、低平调 11。

（5）把阳平调调值 35（高升调）读作降调，包括高降调 53、中降调 42、低降调 31、全降调 51。

（6）把阳平调调值 35（高升调）读作曲折调，包括高降升调 535、中降升调 424、低降升调 313、全降低升调 513、低降全升调 315、高升降调 353、中升将调 242、低升降调 131、高升全降调 351、全升高降调 153 以及低降升调 214 等。

（7）把上声调调值214（降升调）读作升调，包括高升调35、中升调24、低升调13、全升调15等。

（8）把上声调调值214（降升调）读作降调，包括高降调53、中降调42、低降调31、全降调51等。

（9）把上声调调值214（降升调）读作平调，包括高平调55、半高平调44、中平调33等。

（10）把去声调调值51（全降调）读作升调，包括高升调35、中升调24、低升调13、全升调15等。

（11）把去声调调值51（全降调）读作曲折调，包括高降升调535、中降升调424、低降升调313、全降低升调513、低降全升调315、高升降调353、中升将调242、低升降调131、高升全降调351、全升高降调153，以及低降升调214等。

2. 语音缺陷基本类型

（1）阴平调调值读作微升调45。

（2）阴平调调值读作微降调54。

（3）阳平调调值中间略带曲折，不太明显，还没有同上声调值相混，调值大体相当于335或325。

（4）上声为曲折调，但开头略高，相当于31- 或41- 开头，例如：412、312等。

（5）上声读作“半上”211。

（6）上声注意了曲折，但没有突出低调的基本特点，稍微延长则在214后带了降尾。

3. 西南官话区易错声调

上声：一定要读完整的调值“214”。

例如：

大　人　走　平　手　第

急　狗　贫　惹　问　狠

无　穿　有　闭　癌　黄

三、单音节字综合练习

（一）易读错的字

主要是生僻字以及与习惯读法差异较大的字。

例如：

砚　踹　孵　攥　瞥　裹　廓　黯　腮

绺　啮　锥　箔　畦　瞟　掐　敛　攫

敛　滇　揩　瘸　绕　歼　绢　咧　仍

蕊 缫 螯 舜 瞥 疮 戳 剖 西
闩 吮 兜 憋 债 鬓 酚 椎 拙
耸 绥 佟 涡 吾 穴 驯 蔫 舀
膺 甫 葛 逛 骇 罕 姬 篾 眸
嫩 拈 瀑 沁 黯 铂 抻 蹿 禹
春 曰 凿 仄 眨 攥 甲 乙 召
鬓 蕨 蹿 簇 凝 缀 瓢 蹭 眸

（二）单音节字混合练习

练习一

哲 洽 许 滕 缓 昂 翻 容 选 闻
悦 围 波 信 铭 欧 测 敷 闰 巢
我 初 蔽 匀 铝 枪 柴 搭 穷 董
池 款 杂 此 艘 粉 阔 您 镁 帘
械 搞 堤 捡 魂 躺 瘸 蛀 游 蠢
固 浓 钾 酸 莫 捧 队 耍 踹 儿
字 披 翁 辆 申 按 捐 旗 黑 咬
瞥 贺 失 广 晒 兵 卦 拔 君 仍
胸 撞 非 眸 葬 昭 览 脱 嫩 所
德 柳 砚 甩 豹 壤 凑 坑 绞 崔

练习二

崩 饷 攻 劳 凑 匹 捐 坎 蹲 女
捅 寻 贝 台 自 侵 入 凭 朵 条
诈 淮 棕 滑 状 插 有 龄 账 垮
摸 囊 招 酶 曳 恩 选 赛 鳖 阅
恨 蹿 窍 飞 骗 封 攥 竹 苍 嚎
纱 您 吻 渠 狗 奎 署 踹 垒 阁
蒋 额 淡 房 拢 爵 猛 而 军 德
滥 亡 软 下 俗 瞥 禀 氏 窘 丢
吹 忍 吃 涮 丝 破 轨 戏 谎 财
搞 掐 曼 歪 仍 砌 我 用 裹 抻

练习三

夏 秧 袍 鳃 磁 统 掠 蹿 廓 峰
日 膜 蔡 选 让 逼 袖 仓 尺 跌
绸 汝 雄 迈 领 贬 农 赠 原 均
我 平 准 群 抄 责 寨 秦 嘱 二
急 蜕 漆 垂 份 卤 痘 欢 垦 掐
窘 拔 陇 椎 爽 蹬 贼 赣 舔 局

岳	抓	桃	水	淹	憾	辽	纳	昂	品
饭	美	侧	北	揭	拐	费	暖	外	盆
怎	挖	衡	死	娘	兽	友	凸	凝	杀
衔	光	去	孙	蹈	波	渴	鸥	庙	丢

(三)测试用单音节词表

(1)本表参照国家语言文字工作委员会现代汉语语料库和中国社会科学院语言研究所编辑的《现代汉语词典》(1996年7月修订第三版)编制。

(2)本表供普通话水平测试第一项——读单音节字词(100个音节)测试使用。

表一

(带“*”的是按频率出现最多的常用词)

A						
*阿 ā	挨 ā	挨 ái	矮 ǎi	*爱 ài	*安 ān	氨 ān
岸 àn	*按 àn	*案 àn	*暗 àn	凹 āo	熬 āo	熬 áo
B						
*八 bā	巴 bā	扒 bā	拔 bá	*把 bǎ	爸 bà	*罢 bà
*白 bái	*百 bǎi	*摆 bǎi	败 bài	拜 bài	*班 bān	*般 bān
搬 bān	*板 bǎn	版 bǎn	*办 bàn	*半 bàn	伴 bàn	瓣 bàn
*帮 bāng	*棒 bàng	*包 bāo	炮 bāo	*薄 báo	饱 bǎo	宝 bǎo
*保 bǎo	*报 bào	*抱 bào	*杯 bēi	*背 bēi	*北 běi	贝 bèi
备 bèi	*背 bèi	*倍 bèi	*被 bèi	辈 bèi	奔 bēn	*本 běn
苯 běn	奔 bèn	笨 bèn	蹦 bèng	逼 bī	鼻 bí	*比 bǐ
彼 bǐ	*笔 bǐ	*必 bì	闭 bì	*壁 bì	*避 bì	臂 bì
*边 biān	*编 biān	鞭 biān	扁 biǎn	*变 biàn	*便 biàn	*遍 biàn
辨 biàn	标 biāo	*表 biǎo	*别 bié	*别 biè	宾 bīn	*冰 bīng
*兵 bīng	丙 bǐng	柄 bǐng	饼 bǐng	屏 bǐng	*并 bìng	*病 bìng
拨 bō	*波 bō	伯 bó	*薄 bó	*薄 bò	*补 bǔ	捕 bǔ
*不 bù	*布 bù	*步 bù	*部 bù			
C						
*擦 cā	猜 cāi	*才 cái	材 cái	财 cái	*采 cǎi	彩 cǎi
踩 cǎi	*菜 cài	蔡 cài	参 cān	残 cán	蚕 cán	仓 cāng
舱 cāng	*藏 cáng	操 cāo	曹 cáo	槽 cáo	*草 cǎo	册 cè
*侧 cè	*测 cè	*层 céng	*曾 céng	叉 chā	*差 chā	*插 chā
*茶 chá	*查 chá	察 chá	叉 chǎ	*差 chà	拆 chāi	*差 chāi
柴 chái	缠 chán	*产 chǎn	*长 cháng	*场 cháng	肠 cháng	尝 cháng
*常 cháng	*厂 chǎng	*场 chǎng	*唱 chàng	抄 chāo	*超 chāo	巢 cháo
*朝 cháo	潮 cháo	吵 chǎo	炒 chǎo	*车 chē	扯 chě	撤 chè
臣 chén	尘 chén	沉 chén	*陈 chén	*称 chèn	趁 chèn	*称 chēng
撑 chēng	*成 chéng	*呈 chéng	诚 chéng	承 chéng	*城 chéng	*乘 chéng
*盛 chéng	程 chéng	秤 chèng	*吃 chī	*池 chí	*迟 chí	*持 chí
*尺 chǐ	齿 chǐ	赤 chì	翅 chì	*冲 chōng	充 chōng	*虫 chóng
*重 chóng	*冲 chòng	*抽 chōu	愁 chóu	丑 chǒu	臭 chòu	*出 chū
*初 chū	*除 chú	*处 chǔ	楚 chǔ	*处 chù	*畜 chù	触 chù
川 chuān	*穿 chuān	*传 chuán	*船 chuán	喘 chuǎn	*串 chuàn	创 chuāng
窗 chuāng	*床 chuáng	幢 chuáng	闯 chuǎng	创 chuàng	*吹 chuī	垂 chuí
锤 chuí	*春 chūn	*纯 chún	唇 chún	*词 cí	辞 cí	*磁 cí
雌 cí	*此 cǐ	*次 cì	*刺 cì	赐 cì	*从 cóng	丛 cóng
凑 còu	*粗 cū	促 cù	簇 cù	窜 cuàn	催 cuī	*村 cūn

* 存 cún	寸 cùn	* 错 cuò				

D

* 搭 dā	* 打 dá	* 达 dá	* 答 dá	* 打 dǎ	* 大 dà	* 呆 dāi
* 待 dāi	* 带 dài	* 待 dài	袋 dài	* 戴 dài	* 担 dān	* 单 dān
胆 dǎn	* 石 dàn	* 但 dàn	* 担 dàn	淡 dàn	* 弹 dàn	* 蛋 dàn
* 氮 dàn	* 当 dāng	挡 dǎng	* 党 dǎng	* 当 dàng	* 刀 dāo	导 dǎo
* 岛 dǎo	* 倒 dǎo	* 到 dào	* 倒 dào	* 道 dào	稻 dào	* 得 dé
* 德 dé	* 得 děi	* 灯 dēng	登 dēng	蹬 dēng	* 等 děng	邓 dèng
* 瞪 dèng	* 低 dī	* 滴 dī	* 敌 dí	抵 dǐ	* 底 dǐ	* 地 dì
帝 dì	递 dì	* 第 dì	* 点 diǎn	碘 diǎn	* 电 diàn	店 diàn
垫 diàn	雕 diāo	吊 diào	* 调 diào	* 掉 diào	* 爹 diē	跌 diē
迭 dié	叠 dié	* 丁 dīng	盯 dīng	钉 dīng	* 顶 dǐng	订 dìng
钉 dìng	* 定 dìng	* 丢 diū	* 东 dōng	* 冬 dōng	* 懂 dǒng	* 动 dòng
* 冻 dòng	* 洞 dòng	* 都 dōu	兜 dōu	* 斗 dǒu	抖 dǒu	* 斗 dòu
豆 dòu	逗 dòu	* 都 dū	* 毒 dú	独 dú	* 读 dú	堵 dǔ
杜 dù	* 度 dù	渡 dù	* 端 duān	* 短 duǎn	* 段 duàn	* 断 duàn
* 堆 duī	* 队 duì	* 对 duì	* 吨 dūn	* 蹲 dūn	* 顿 dùn	* 多 duō
夺 duó	* 度 duó	* 朵 duǒ	* 躲 duǒ			

E

* 阿 ē	俄 é	鹅 é	* 额 é	* 恶 è	* 饿 è	恩 ēn
* 儿 ér	* 而 ér	尔 ěr	* 耳 ěr	* 二 èr		

F

* 发 fā	罚 fá	* 法 fǎ	* 发 fà	番 fān	* 翻 fān	* 凡 fán
繁 fán	* 反 fǎn	返 fǎn	* 犯 fàn	* 饭 fàn	泛 fàn	范 fàn
* 方 fāng	防 fáng	* 房 fáng	访 fǎng	* 放 fàng	* 飞 fēi	* 非 fēi
肥 féi	匪 fěi	* 肺 fèi	废 fèi	* 费 fèi	分 fēn	* 粉 fěn
* 分 fèn	* 份 fèn	粪 fèn	丰 fēng	* 风 fēng	* 封 fēng	峰 fēng
锋 fēng	蜂 fēng	冯 féng	缝 féng	奉 fèng	* 缝 fèng	* 佛 fó
否 fǒu	* 夫 fū	* 伏 fú	* 扶 fú	* 服 fú	浮 fú	* 幅 fú
福 fú	府 fǔ	腐 fǔ	付 fù	* 负 fù	妇 fù	附 fù
* 服 fù	赴 fù	* 复 fù	* 副 fù	赋 fù	* 富 fù	* 腹 fù

G

* 该 gāi	* 改 gǎi	钙 gài	* 盖 gài	* 干 gān	杆 gān	* 肝 gān
杆 gǎn	* 赶 gǎn	* 敢 gǎn	* 感 gǎn	* 干 gàn	* 刚 gāng	* 纲 gāng
* 钢 gāng	港 gǎng	* 高 gāo	* 搞 gǎo	稿 gǎo	告 gào	搁 gē
割 gē	* 歌 gē	* 格 gé	* 隔 gé	* 个 gè	* 各 gè	* 给 gěi
* 根 gēn	* 跟 gēn	* 更 gēng	耕 gēng	* 更 gèng	* 工 gōng	弓 gōng
* 公 gōng	* 功 gōng	攻 gōng	供 gōng	宫 gōng	汞 gǒng	拱 gǒng
* 共 gòng	* 供 gòng	* 沟 gōu	钩 gōu	* 狗 gǒu	构 gòu	购 gòu
* 够 gòu	* 古 gǔ	* 谷 gǔ	* 股 gǔ	* 骨 gǔ	* 鼓 gǔ	* 固 gù
* 故 gù	顾 gù	雇 gù	瓜 guā	刮 guā	* 挂 guà	拐 guǎi
* 怪 guài	* 关 guān	* 观 guān	* 官 guān	冠 guān	馆 guǎn	* 管 guǎn
* 观 guàn	冠 guàn	惯 guàn	灌 guàn	* 光 guāng	广 guǎng	逛 guàng
* 归 guī	* 硅 guī	* 鬼 guǐ	* 贵 guì	桂 guì	跪 guì	* 滚 gǔn
郭 guō	锅 guō	* 国 guó	* 果 guǒ	裹 guǒ	* 过 guò	

H

哈 hā	* 还 hái	* 海 hǎi	* 害 hài	* 寒 hán	* 喊 hǎn	* 汉 hàn
* 汗 hàn	旱 hàn	* 行 háng	* 号 háo	* 好 hǎo	* 号 hào	* 好 hào
耗 hào	* 呵 hē	* 喝 hē	* 合 hé	* 何 hé	* 和 hé	* 河 hé
荷 hé	* 核 hé	盒 hé	颌 hé	* 和 hè	荷 hè	* 喝 hè
* 黑 hēi	* 很 hěn	* 恨 hèn	恒 héng	* 横 héng	* 横 hèng	轰 hōng
哄 hōng	* 红 hóng	洪 hóng	哄 hǒng	哄 hòng	* 后 hòu	* 厚 hòu
候 hòu	* 乎 hū	* 和 hú	弧 hú	* 胡 hú	壶 hú	* 湖 hú
* 虎 hǔ	* 互 hù	* 户 hù	护 hù	沪 hù	* 花 huā	划 huá
* 华 huá	滑 huá	* 化 huà	划 huà	* 华 huà	* 画 huà	* 话 huà

* 怀 huái	* 坏 huài	* 还 huán	* 环 huán	缓 huǎn	* 换 huàn	唤 huàn
* 患 huàn	荒 huāng	慌 huāng	* 黄 huáng	晃 huǎng	晃 huàng	* 灰 huī
挥 huī	* 回 huí	毁 huǐ	* 会 huì	绘 huì	婚 hūn	* 混 hún
魂 hún	* 混 hùn	* 和 huó	* 活 huó	* 火 huǒ	* 或 huò	* 和 huò
* 货 huò	* 获 huò					

J

击 jī	* 机 jī	肌 jī	* 鸡 jī	* 积 jī	* 基 jī	激 jī
* 及 jí	* 级 jí	* 极 jí	* 即 jí	* 急 jí	* 集 jí	* 几 jǐ
己 jǐ	* 挤 jǐ	脊 jǐ	* 计 jì	* 记 jì	* 系 jì	季 jì
* 剂 jì	济 jì	* 既 jì	继 jì	祭 jì	寄 jì	* 加 jiā
* 夹 jiā	* 家 jiā	* 夹 jiá	* 甲 jiǎ	钾 jiǎ	* 假 jiǎ	* 价 jià
* 架 jià	* 假 jià	嫁 jià	* 尖 jiān	* 间 jiān	肩 jiān	* 兼 jiān
拣 jiǎn	茧 jiǎn	捡 jiǎn	检 jiǎn	减 jiǎn	剪 jiǎn	简 jiǎn
* 碱 jiǎn	* 见 jiàn	* 件 jiàn	* 间 jiàn	* 建 jiàn	剑 jiàn	* 键 jiàn
箭 jiàn	* 江 jiāng	* 将 jiāng	浆 jiāng	* 讲 jiǎng	奖 jiǎng	* 蒋 jiǎng
降 jiàng	* 将 jiàng	* 强 jiàng	* 交 jiāo	浇 jiāo	胶 jiāo	* 教 jiāo
焦 jiāo	嚼 jiáo	* 角 jiǎo	* 脚 jiǎo	搅 jiǎo	* 叫 jiào	* 觉 jiào
* 校 jiào	* 较 jiào	* 教 jiào	* 皆 jiē	* 结 jiē	* 接 jiē	街 jiē
* 节 jié	* 结 jié	截 jié	* 解 jiě	戒 jiè	* 届 jiè	* 界 jiè
* 借 jiè	* 解 jiè	* 斤 jīn	* 今 jīn	* 金 jīn	津 jīn	* 仅 jǐn
* 尽 jǐn	* 紧 jǐn	* 尽 jìn	* 进 jìn	* 近 jìn	* 劲 jìn	晋 jìn
浸 jìn	* 茎 jīng	* 京 jīng	* 经 jīng	惊 jīng	* 晶 jīng	* 精 jīng
鲸 jīng	井 jǐng	颈 jǐng	景 jǐng	* 劲 jìng	径 jìng	* 净 jìng
* 竟 jìng	敬 jìng	* 静 jìng	境 jìng	* 镜 jìng	究 jiū	* 九 jiǔ
* 久 jiǔ	* 酒 jiǔ	* 旧 jiù	* 救 jiù	* 就 jiù	* 车 jū	* 居 jū
* 局 jú	* 举 jǔ	巨 jù	* 句 jù	* 具 jù	俱 jù	剧 jù
* 据 jù	距 jù	聚 jù	捐 juān	* 圈 juān	* 卷 juǎn	* 卷 juàn
* 圈 juàn	* 决 jué	* 角 jué	* 觉 jué	* 绝 jué	嚼 jué	* 军 jūn
* 均 jūn	君 jūn	* 菌 jūn				

K

卡 kǎ	* 开 kāi	* 看 kān	砍 kǎn	* 看 kàn	扛 káng	* 抗 kàng
炕 kàng	* 考 kǎo	* 靠 kào	* 科 kē	* 棵 kē	* 颗 kē	壳 ké
咳 ké	* 可 kě	* 克 kè	* 刻 kè	客 kè	* 课 kè	肯 kěn
啃 kěn	坑 kēng	* 空 kōng	* 孔 kǒng	* 空 kòng	口 kǒu	扣 kòu
* 哭 kū	* 苦 kǔ	库 kù	跨 kuà	* 块 kuài	* 快 kuài	* 宽 kuān
款 kuǎn	筐 kuāng	狂 kuáng	* 矿 kuàng	亏 kuī	捆 kǔn	困 kùn
阔 kuò						

L

* 拉 lā	* 拉 lá	* 落 là	蜡 là	* 来 lái	赖 lài	兰 lán
栏 lán	* 蓝 lán	烂 làn	狼 láng	浪 làng	捞 lāo	劳 láo
牢 láo	* 老 lǎo	* 落 lào	* 乐 lè	* 累 léi	雷 léi	* 累 lěi
* 泪 lèi	* 类 lèi	* 累 lèi	* 冷 lěng	愣 lèng	* 离 lí	梨 lí
犁 lí	* 礼 lǐ	* 李 lǐ	* 里 lǐ	* 理 lǐ	* 力 lì	历 lì
* 立 lì	* 利 lì	* 例 lì	* 粒 lì	俩 liǎ	* 连 lián	联 lián
* 脸 liǎn	* 练 liàn	炼 liàn	链 liàn	良 liáng	凉 liáng	梁 liáng
* 量 liáng	* 粮 liáng	* 两 liǎng	* 亮 liàng	凉 liàng	* 辆 liàng	* 量 liàng
* 了 liǎo	* 料 liào	咧 liě	* 列 liè	猎 liè	裂 liè	邻 lín
* 林 lín	临 lín	淋 lín	* 磷 lín	* 灵 líng	铃 líng	* 零 líng
龄 líng	* 令 lǐng	岭 lǐng	* 领 lǐng	* 另 lìng	* 令 lìng	溜 liū
* 刘 liú	* 留 liú	* 流 liú	硫 liú	瘤 liú	柳 liǔ	* 六 liù
陆 liù	溜 liù	* 龙 lóng	笼 lǒng	拢 lǒng	笼 lǒng	搂 lōu
* 楼 lóu	搂 lǒu	漏 lòu	* 露 lòu	炉 lú	卤 lǔ	鲁 lǔ
陆 lù	录 lù	鹿 lù	* 路 lù	* 露 lù	驴 lǘ	旅 lǚ
* 铝 lǚ	缕 lǚ	* 律 lǜ	* 率 lǜ	* 绿 lǜ	氯 lǜ	滤 lǜ
* 卵 luǎn	* 乱 luàn	* 略 lüè	* 轮 lún	* 论 lùn	* 罗 luó	络 luò

*落 luò

M

*抹 mā	麻 má	*马 mǎ	码 mǎ	*骂 mà	埋 mái	*买 mǎi
迈 mài	麦 mài	*卖 mài	脉 mài	蛮 mán	瞒 mán	*满 mǎn
*慢 màn	*忙 máng	*猫 māo	*毛 máo	*冒 mào	帽 mào	*没 méi
*枚 méi	眉 méi	梅 méi	*煤 méi	酶 méi	*每 měi	*美 měi
镁 měi	闷 mēn	*门 mén	闷 mèn	蒙 mēng	蒙 méng	*猛 měng
蒙 měng	孟 mèng	*梦 mèng	迷 mí	谜 mí	*米 mǐ	*密 mì
蜜 mì	*棉 mián	免 miǎn	*面 miàn	*苗 miáo	*秒 miǎo	妙 miào
庙 miào	*灭 miè	*民 mín	*名 míng	*明 míng	鸣 míng	*命 mìng
*摸 mō	模 mó	*膜 mó	摩 mó	*磨 mó	*抹 mǒ	*末 mò
*没 mò	*抹 mò	*莫 mò	墨 mò	*磨 mò	谋 móu	*某 mǒu
*母 mǔ	*亩 mǔ	*木 mù	*目 mù	墓 mù	幕 mù	

N

*拿 ná	*哪 nǎ	*那 nà	纳 nà	*钠 nà	*乃 nǎi	奶 nǎi
耐 nài	*男 nán	南 nán	*难 nán	*难 nàn	*脑 nǎo	*闹 nào
*内 nèi	嫩 nèn	*能 néng	*泥 ní	拟 nǐ	*你 nǐ	逆 nì
*年 nián	*念 niàn	*娘 niáng	*鸟 niǎo	尿 niào	捏 niē	*您 nín
宁 níng	拧 níng	凝 níng	拧 nǐng	宁 nìng	拧 nìng	*牛 niú
扭 niǔ	*农 nóng	*浓 nóng	脓 nóng	*弄 nòng	怒 nù	*女 nǚ
*暖 nuǎn						

O

欧 ōu	偶 ǒu					

P

扒 pá	*爬 pá	*怕 pà	*拍 pāi	*排 pái	*牌 pái	*派 pài
潘 pān	攀 pān	*盘 pán	判 pàn	盼 pàn	*旁 páng	*胖 pàng
抛 pāo	*泡 pāo	炮 páo	*跑 pǎo	*泡 pào	炮 pào	胚 pēi
陪 péi	*配 pèi	喷 pēn	*盆 pén	彭 péng	棚 péng	捧 pěng
*碰 pèng	*批 pī	披 pī	*皮 pí	脾 pí	*匹 pǐ	*偏 piān
*篇 piān	*片 piàn	骗 piàn	飘 piāo	票 piào	贫 pín	*品 pǐn
*平 píng	评 píng	*凭 píng	屏 píng	*瓶 píng	坡 pō	*颇 pō
迫 pò	*破 pò	扑 pū	*铺 pū	谱 pǔ	*铺 pù	

Q

*七 qī	*期 qī	漆 qī	*齐 qí	*其 qí	奇 qí	*骑 qí
旗 qí	*起 qǐ	*气 qì	弃 qì	砌 qì	*器 qì	卡 qiǎ
*千 qiān	迁 qiān	牵 qiān	铅 qiān	*前 qián	*钱 qián	潜 qián
*浅 qiǎn	遣 qiǎn	欠 qiàn	嵌 qiàn	*枪 qiāng	腔 qiāng	*强 qiáng
*墙 qiáng	*抢 qiǎng	*强 qiǎng	*敲 qiāo	*桥 qiáo	*瞧 qiáo	巧 qiǎo
壳 qiào	*切 qiē	*且 qiě	*切 qiè	侵 qīn	*亲 qīn	*秦 qín
琴 qín	勤 qín	*青 qīng	*轻 qīng	*氢 qīng	倾 qīng	*清 qīng
*情 qíng	*请 qǐng	*穷 qióng	*秋 qiū	*求 qiú	*球 qiú	*区 qū
*曲 qū	驱 qū	趋 qū	渠 qú	*曲 qǔ	*取 qǔ	娶 qǔ
*去 qù	*圈 quān	*权 quán	*全 quán	泉 quán	拳 quán	*劝 quàn
*缺 quē	*却 què	确 què	*群 qún			

R

*然 rán	燃 rán	染 rǎn	嚷 rǎng	*让 ràng	*绕 rào	惹 rě
*热 rè	*人 rén	仁 rén	*任 rén	忍 rěn	认 rèn	*任 rèn
扔 rēng	*仍 réng	*日 rì	容 róng	*溶 róng	熔 róng	揉 róu
*肉 ròu	*如 rú	*乳 rǔ	*入 rù	*软 ruǎn	*若 ruò	*弱 ruò

S

撒 sā	洒 sǎ	撒 sǎ	鳃 sāi	塞 sāi	塞 sài	赛 sài
*三 sān	伞 sǎn	*散 sǎn	*散 sàn	扫 sǎo	*色 sè	塞 sè
僧 sēng	*杀 shā	*沙 shā	纱 shā	砂 shā	傻 shǎ	*色 shǎi
晒 shài	*山 shān	*扇 shān	*闪 shǎn	*单 shàn	*扇 shàn	*善 shàn
*伤 shāng	*商 shāng	*上 shǎng	赏 shǎng	*上 shàng	*尚 shàng	*烧 shāo

* 梢 shāo	* 稍 shāo	* 少 shǎo	* 少 shào	* 舌 shé	* 折 shé	* 蛇 shé
舍 shě	* 设 shè	* 社 shè	舍 shè	* 射 shè	摄 shè	* 谁 shéi
* 伸 shēn	* 身 shēn	参 shēn	* 深 shēn	* 神 shén	沈 shěn	婶 shěn
* 肾 shèn	* 甚 shèn	* 升 shēng	* 生 shēng	* 声 shēng	绳 shéng	* 省 shěng
圣 shèng	* 胜 shèng	* 盛 shèng	剩 shèng	* 失 shī	* 师 shī	* 诗 shī
* 施 shī	* 湿 shī	* 十 shí	* 石 shí	* 时 shí	识 shí	* 实 shí
拾 shí	* 食 shí	* 史 shǐ	* 使 shǐ	* 始 shǐ	士 shì	* 氏 shì
* 示 shì	* 世 shì	* 市 shì	* 式 shì	* 事 shì	* 势 shì	* 试 shì
* 视 shì	* 是 shì	适 shì	* 室 shì	* 收 shōu	* 熟 shóu	* 手 shǒu
* 守 shǒu	* 首 shǒu	* 受 shòu	授 shòu	兽 shòu	* 瘦 shòu	* 书 shū
梳 shū	疏 shū	输 shū	* 熟 shú	* 属 shǔ	鼠 shǔ	* 数 shǔ
术 shù	* 束 shù	述 shù	* 树 shù	竖 shù	* 数 shù	刷 shuā
耍 shuǎ	摔 shuāi	甩 shuǎi	* 率 shuài	拴 shuān	* 双 shuāng	霜 shuāng
* 谁 shuí	* 水 shuǐ	* 税 shuì	* 睡 shuì	顺 shùn	* 说 shuō	司 sī
* 丝 sī	私 sī	思 sī	斯 sī	* 死 sǐ	* 四 sì	寺 sì
* 似 sì	* 松 sōng	* 宋 sòng	* 送 sòng	艘 sōu	* 苏 sū	俗 sú
* 素 sù	速 sù	宿 sù	* 酸 suān	* 算 suàn	* 虽 suī	隋 suí
* 随 suí	* 遂 suí	髓 suǐ	* 岁 suì	* 遂 suì	碎 suì	穗 suì
* 孙 sūn	缩 suō	* 所 suǒ	索 suǒ	锁 suǒ		

T

* 他 tā	* 它 tā	* 她 tā	塔 tǎ	踏 tà	胎 tāi	* 台 tái
* 抬 tái	* 太 tài	* 态 tài	摊 tān	滩 tān	* 谈 tán	* 弹 tán
痰 tán	* 叹 tàn	探 tàn	* 碳 tàn	* 汤 tāng	* 唐 táng	堂 táng
塘 táng	* 糖 táng	* 躺 tǎng	烫 tàng	* 趟 tàng	掏 tāo	逃 táo
桃 táo	陶 táo	讨 tǎo	* 套 tào	* 特 tè	疼 téng	藤 téng
踢 tī	* 提 tí	* 题 tí	* 体 tǐ	* 替 tì	* 天 tiān	添 tiān
* 田 tián	* 甜 tián	* 填 tián	* 挑 tiāo	* 条 tiáo	* 调 tiáo	* 挑 tiǎo
* 跳 tiào	* 贴 tiē	* 铁 tiě	厅 tīng	* 听 tīng	* 停 tíng	* 挺 tǐng
* 通 tōng	* 同 tóng	* 铜 tóng	统 tǒng	桶 tǒng	筒 tǒng	* 通 tòng
* 痛 tòng	* 偷 tōu	* 头 tóu	投 tóu	* 透 tòu	凸 tū	突 tū
* 图 tú	徒 tú	涂 tú	* 土 tǔ	* 吐 tǔ	* 吐 tù	* 团 tuán
* 推 tuī	* 腿 tuǐ	* 退 tuì	* 托 tuō	* 拖 tuō	* 脱 tuō	

W

* 挖 wā	瓦 wǎ	歪 wāi	* 外 wài	* 弯 wān	* 完 wán	* 玩 wán
挽 wǎn	* 晚 wǎn	* 碗 wǎn	* 万 wàn	汪 wāng	亡 wáng	* 王 wáng
* 网 wǎng	* 往 wǎng	* 忘 wàng	旺 wàng	* 望 wàng	* 微 wēi	* 为 wéi
* 围 wéi	唯 wéi	帷 wéi	伪 wěi	* 尾 wěi	纬 wěi	卫 wèi
* 为 wèi	* 未 wèi	* 位 wèi	* 味 wèi	* 胃 wèi	* 谓 wèi	* 喂 wèi
魏 wèi	* 温 wēn	* 文 wén	纹 wén	* 闻 wén	吻 wěn	稳 wěn
* 问 wèn	窝 wō	* 我 wǒ	卧 wò	握 wò	* 屋 wū	* 无 wú
* 吾 wú	* 吴 wú	五 wǔ	武 wǔ	* 舞 wǔ	勿 wù	务 wù
* 物 wù	误 wù	* 恶 wù	* 雾 wù			

X

* 西 xī	* 吸 xī	息 xī	* 稀 xī	锡 xī	习 xí	席 xí
* 洗 xǐ	* 喜 xǐ	* 戏 xì	* 系 xì	* 细 xì	虾 xiā	瞎 xiā
狭 xiá	* 下 xià	* 吓 xià	* 夏 xià	仙 xiān	* 先 xiān	鲜 xiān
闲 xián	* 弦 xián	咸 xián	衔 xián	嫌 xián	显 xiǎn	险 xiǎn
鲜 xiǎn	* 县 xiàn	* 现 xiàn	限 xiàn	* 线 xiàn	陷 xiàn	献 xiàn
腺 xiàn	* 乡 xiāng	* 相 xiāng	* 香 xiāng	箱 xiāng	降 xiáng	享 xiǎng
* 响 xiǎng	* 想 xiǎng	* 向 xiàng	* 项 xiàng	* 相 xiàng	* 象 xiàng	* 像 xiàng
削 xiāo	消 xiāo	销 xiāo	* 小 xiǎo	* 校 xiào	* 笑 xiào	效 xiào
* 些 xiē	歇 xiē	邪 xié	* 斜 xié	* 鞋 xié	* 写 xiě	* 血 xiě
泄 xiè	谢 xiè	* 解 xiè	蟹 xiè	* 心 xīn	锌 xīn	* 新 xīn
* 信 xìn	兴 xīng	* 星 xīng	刑 xíng	* 行 xíng	* 形 xíng	型 xíng
省 xǐng	醒 xǐng	兴 xìng	* 性 xìng	* 姓 xìng	凶 xiōng	兄 xiōng

*胸 xiōng	*雄 xióng	熊 xióng	*修 xiū	宿 xiǔ	臭 xiù	袖 xiù
绣 xiù	宿 xiù	嗅 xiù	*须 xū	*虚 xū	*需 xū	*徐 xú
许 xǔ	序 xù	*畜 xù	悬 xuán	旋 xuán	*选 xuǎn	旋 xuàn
削 xuē	穴 xué	*学 xué	*雪 xuě	*血 xuè	寻 xún	训 xùn

Y

*压 yā	押 yā	鸭 yā	*牙 yá	*芽 yá	亚 yà	*咽 yān
烟 yān	严 yán	*言 yán	岩 yán	炎 yán	*沿 yán	*盐 yán
*眼 yǎn	*演 yǎn	厌 yàn	咽 yàn	验 yàn	秧 yāng	扬 yáng
*羊 yáng	*阳 yáng	*杨 yáng	洋 yáng	仰 yǎng	*养 yǎng	*氧 yǎng
*样 yàng	*约 yāo	*要 yāo	*腰 yāo	*摇 yáo	*咬 yǎo	*药 yào
*要 yào	*也 yě	野 yě	*业 yè	*叶 yè	*页 yè	*夜 yè
*液 yè	*一 yī	医 yī	*依 yī	仪 yí	宜 yí	*移 yí
遗 yí	疑 yí	*乙 yǐ	*已 yǐ	*以 yǐ	*矣 yǐ	蚁 yǐ
倚 yǐ	*亿 yì	*义 yì	艺 yì	议 yì	*亦 yì	*异 yì
役 yì	译 yì	*易 yì	益 yì	*意 yì	翼 yì	*因 yīn
*阴 yīn	*音 yīn	*银 yín	*引 yǐn	饮 yǐn	隐 yǐn	*印 yìn
饮 yìn	*应 yīng	*英 yīng	鹰 yīng	迎 yíng	*营 yíng	影 yǐng
*应 yìng	映 yìng	*硬 yìng	拥 yōng	永 yǒng	涌 yǒng	*用 yòng
优 yōu	尤 yóu	*由 yóu	犹 yóu	*油 yóu	铀 yóu	*游 yóu
友 yǒu	*有 yǒu	*又 yòu	*右 yòu	*幼 yòu	*于 yú	予 yú
*余 yú	*鱼 yú	渔 yú	*与 yǔ	予 yǔ	羽 yǔ	*雨 yǔ
*语 yǔ	玉 yù	*育 yù	域 yù	*欲 yù	遇 yù	*愈 yù
*元 yuán	园 yuán	*员 yuán	袁 yuán	*原 yuán	*圆 yuán	缘 yuán
*源 yuán	*远 yuǎn	怨 yuàn	*院 yuàn	*愿 yuàn	*曰 yuē	*约 yuē
*月 yuè	*乐 yuè	跃 yuè	*越 yuè	粤 yuè	*云 yún	匀 yún
*运 yùn	韵 yùn					

Z

扎 zā	杂 zá	砸 zá	栽 zāi	*再 zài	*在 zài	*载 zài
*咱 zán	暂 zàn	赃 zāng	脏 zàng	葬 zàng	*藏 zàng	*遭 zāo
糟 zāo	*早 zǎo	藻 zǎo	灶 zào	*造 zào	*则 zé	责 zé
贼 zéi	怎 zěn	*曾 zēng	*增 zēng	扎 zhā	炸 zhá	眨 zhǎ
炸 zhà	摘 zhāi	窄 zhǎi	债 zhài	寨 zhài	*占 zhān	沾 zhān
粘 zhān	盏 zhǎn	展 zhǎn	*占 zhàn	*战 zhàn	*站 zhàn	*张 zhāng
*章 zhāng	*长 zhǎng	涨 zhǎng	掌 zhǎng	丈 zhàng	仗 zhàng	帐 zhàng
账 zhàng	胀 zhàng	涨 zhàng	招 zhāo	*着 zhāo	*朝 zhāo	*着 zháo
*找 zhǎo	*赵 zhào	*照 zhào	遮 zhē	*折 zhé	*者 zhě	*这 zhè
*针 zhēn	*真 zhēn	*阵 zhèn	*振 zhèn	震 zhèn	*镇 zhèn	*争 zhēng
征 zhēng	挣 zhēng	睁 zhēng	蒸 zhēng	*整 zhěng	*正 zhèng	*证 zhèng
郑 zhèng	政 zhèng	挣 zhèng	*症 zhèng	*之 zhī	*支 zhī	*只 zhī
汁 zhī	*枝 zhī	*知 zhī	肢 zhī	织 zhī	*直 zhí	*值 zhí
职 zhí	植 zhí	殖 zhí	止 zhǐ	*只 zhǐ	*纸 zhǐ	*指 zhǐ
*至 zhì	*志 zhì	*制 zhì	*质 zhì	*治 zhì	*致 zhì	智 zhì
滞 zhì	置 zhì	*中 zhōng	*终 zhōng	*钟 zhōng	肿 zhǒng	*种 zhǒng
*中 zhòng	*众 zhòng	*种 zhòng	*重 zhòng	*州 zhōu	*周 zhōu	*轴 zhóu
皱 zhòu	朱 zhū	珠 zhū	*株 zhū	*诸 zhū	*猪 zhū	*竹 zhú
逐 zhú	*主 zhǔ	煮 zhǔ	*属 zhǔ	助 zhù	*住 zhù	注 zhù
*驻 zhù	*柱 zhù	祝 zhù	著 zhù	筑 zhù	*抓 zhuā	*专 zhuān
砖 zhuān	*转 zhuǎn	*传 zhuàn	*转 zhuàn	赚 zhuàn	庄 zhuāng	桩 zhuāng
*装 zhuāng	壮 zhuàng	*状 zhuàng	撞 zhuàng	幢 zhuàng	*追 zhuī	*准 zhǔn
*捉 zhuō	桌 zhuō	*着 zhuó	资 zī	*子 zǐ	紫 zǐ	*自 zì
*字 zì	宗 zōng	*总 zǒng	纵 zòng	*走 zǒu	奏 zòu	租 zū
*足 zú	*族 zú	阻 zǔ	*组 zǔ	祖 zǔ	*钻 zuān	*钻 zuàn
*嘴 zuǐ	*最 zuì	*罪 zuì	醉 zuì	尊 zūn	*左 zuǒ	*作 zuò
*坐 zuò	*座 zuò	*做 zuò				

表二

A

哀 āi	癌 ái	艾 ài	碍 ài	庵 ān	黯 àn	昂 áng
鳌 áo	袄 ǎo	拗 ào	傲 ào	奥 ào	澳 ào	

B

疤 bā	靶 bǎ	坝 bà	耙 bà	霸 bà	掰 bāi	柏 bǎi
扳 bān	斑 bān	扮 bàn	拌 bàn	绊 bàn	邦 bāng	梆 bāng
绑 bǎng	榜 bǎng	膀 bǎng	蚌 bàng	傍 bàng	磅 bàng	苞 bāo
胞 bāo	雹 báo	堡 pù	堡 bǎo	豹 bào	暴 bào	爆 bào
卑 bēi	悲 bēi	碑 bēi	钡 bèi	崩 bēng	绷 bèng	绷 běng
绷 bēng	泵 bèng	迸 bèng	鄙 bǐ	币 bì	毕 bì	毙 bì
敝 bì	痹 bì	辟 bì	弊 bì	碧 bì	蔽 bì	壁 bì
贬 biǎn	匾 biǎn	辩 biàn	辫 biàn	膘 biāo	憋 biē	鳖 biē
瘪 biě	滨 bīn	鬓 bìn	禀 bǐng	钵 bō	播 bō	驳 bó
帛 bó	泊 bó	铂 bó	脖 bó	博 bó	搏 bó	膊 bó
箔 bó	跛 bǒ	卜 bǔ	埠 bù	簿 bù		

C

裁 cái	睬 cǎi	餐 cān	惨 cǎn	苍 cāng	策 cè	蹭 cèng
杈 chā	茬 chá	杈 chà	岔 chà	刹 chà	掺 chān	搀 chān
馋 chán	禅 chán	蝉 chán	铲 chǎn	颤 chàn	昌 chāng	偿 cháng
敞 chǎng	畅 chàng	倡 chàng	钞 chāo	剿 chāo	彻 chè	澈 chè
抻 chēn	辰 chén	晨 chén	衬 chèn	丞 chéng	惩 chéng	橙 chéng
逞 chěng	嗤 chī	痴 chī	斥 chì	舂 chōng	宠 chǒng	仇 chóu
绸 chóu	稠 chóu	筹 chóu	厨 chú	锄 chú	雏 chú	橱 chú
储 chǔ	揣 chuāi	踹 chuài	疮 chuāng	捶 chuí	醇 chún	蠢 chǔn
戳 chuō	祠 cí	瓷 cí	慈 cí	葱 cōng	醋 cù	蹿 cuān
攒 cuán	崔 cuī	摧 cuī	脆 cuì	啐 cuì	翠 cuì	皴 cūn
搓 cuō	撮 cuō	挫 cuò	锉 cuò			

D

逮 dǎi	贷 dài	逮 dài	丹 dān	掸 dǎn	旦 dàn	裆 dāng
荡 dàng	档 dàng	捣 dǎo	蹈 dǎo	盗 dào	凳 dèng	澄 dèng
堤 dī	笛 dí	嫡 dí	蒂 dì	缔 dì	掂 diān	滇 diān
颠 diān	巅 diān	典 diǎn	佃 diàn	奠 diàn	殿 diàn	刁 diāo
叼 diāo	貂 diāo	钓 diào	碟 dié	蝶 dié	叮 dīng	鼎 dǐng
锭 dìng	董 dǒng	栋 dòng	陡 dǒu	痘 dòu	窦 dòu	督 dū
犊 dú	赌 dǔ	睹 dǔ	镀 dù	缎 duàn	煅 duàn	锻 duàn
兑 duì	墩 dun	囤 dùn	炖 dùn	钝 dùn	盾 dùn	踱 duó
垛 duǒ	剁 duò	垛 duò	舵 duò	堕 duò	跺 duò	

E

扼 è	鄂 è	腭 è	饵 ěr			

F

乏 fá	伐 fá	阀 fá	筏 fá	帆 fān	烦 fán	贩 fàn
仿 fǎng	纺 fǎng	妃 fēi	吠 fèi	沸 fèi	酚 fēn	坟 fén
焚 fén	愤 fèn	枫 fēng	疯 fēng	逢 féng	讽 fěng	凤 fèng
孵 fū	敷 fū	弗 fú	拂 fú	氟 fú	俘 fú	符 fú
辐 fú	甫 fǔ	抚 fǔ	俯 fǔ	辅 fǔ	缚 fù	覆 fù

G

概 gài	甘 gān	柑 gān	竿 gān	秆 gǎn	擀 gǎn	赣 gàn
缸 gāng	岗 gǎng	杠 gàng	羔 gāo	膏 gāo	篙 gāo	糕 gāo
镐 gǎo	膏 gào	革 gé	阁 gé	膈 gé	葛 gě	庚 gēng
羹 gēng	埂 gěng	耿 gěng	梗 gěng	躬 gōng	龚 gōng	贡 gòng
勾 gōu	垢 gòu	估 gū	孤 gū	寡 guǎ	卦 guà	乖 guāi
龟 guī	规 guī	轨 guǐ	柜 guì	棍 gùn		

H

骇 hài	氦 hài	蚶 hān	憨 hān	函 hán	韩 hán	罕 hǎn

焊 hàn	憾 hàn	杭 háng	航 háng	毫 háo	豪 háo	壕 háo
嚎 háo	郝 hǎo	禾 hé	贺 hè	赫 hè	褐 hè	鹤 hè
壑 hè	痕 hén	狠 hěn	衡 héng	烘 hōng	虹 hóng	侯 hóu
喉 hóu	吼 hǒu	糊 hú	唬 hǔ	桦 huà	淮 huái	槐 huái
欢 huān	幻 huàn	皇 huáng	簧 huáng	谎 huǎng	辉 huī	徽 huī
悔 huǐ	汇 huì	惠 huì	喙 huì	慧 huì	昏 hūn	荤 hūn
浑 hún	豁 huō	伙 huǒ	祸 huò	惑 huò	霍 huò	

J

饥 jī	姬 jī	吉 jí	疾 jí	辑 jí	瘠 jí	纪 jǐ
戟 jǐ	麂 jǐ	忌 jì	寂 jì	暨 jì	髻 jì	冀 jì
荚 jiá	颊 jiá	贾 jiǎ	驾 jià	奸 jiān	歼 jiān	坚 jiān
监 jiān	煎 jiān	柬 jiǎn	荐 jiàn	贱 jiàn	涧 jiàn	舰 jiàn
谏 jiàn	腱 jiàn	溅 jiàn	姜 jiāng	僵 jiāng	缰 jiāng	疆 jiāng
浆 jiāng	匠 jiàng	绛 jiàng	酱 jiàng	犟 jiàng	郊 jiāo	娇 jiāo
椒 jiāo	跤 jiāo	礁 jiāo	绞 jiǎo	矫 jiǎo	剿 jiǎo	缴 jiǎo
轿 jiào	窖 jiào	阶 jiē	秸 jiē	揭 jiē	劫 jié	洁 jié
捷 jié	竭 jié	介 jiè	诫 jiè	巾 jīn	筋 jīn	禁 jīn
襟 jīn	锦 jǐn	谨 jǐn	靳 jìn	禁 jìn	荆 jīng	睛 jīng
警 jǐng	竞 jìng	窘 jiǒng	纠 jiū	揪 jiū	灸 jiǔ	厩 jiù
拘 jū	驹 jū	菊 jú	矩 jǔ	惧 jù	锯 jù	踞 jù
倦 juàn	绢 juàn	撅 juē	诀 jué	掘 jué	厥 jué	蕨 jué
爵 jué	攫 jué	倔 juè	钧 jūn	俊 jùn	郡 jùn	峻 jùn

K

咯 kǎ	揩 kāi	刊 kān	堪 kān	坎 kǎn	康 kāng	糠 kāng
烤 kǎo	柯 kē	磕 kē	渴 kě	垦 kěn	恐 kǒng	控 kòng
抠 kōu	叩 kòu	寇 kòu	枯 kū	窟 kū	裤 kù	酷 kù
夸 kuā	垮 kuǎ	挎 kuà	旷 kuàng	况 kuàng	框 kuàng	眶 kuàng
盔 kuī	窥 kuī	奎 kuí	溃 kuì	愧 kuì	坤 kūn	扩 kuò
括 kuò	廓 kuò					

L

腊 là	辣 là	癞 lài	拦 lán	篮 lán	览 lǎn	揽 lǎn
缆 lǎn	懒 lǎn	滥 làn	郎 láng	廊 láng	烙 lào	涝 lào
勒 lè	勒 lēi	擂 léi	镭 léi	垒 lěi	肋 lèi	擂 lèi
棱 léng	厘 lí	锂 lǐ	鲤 lǐ	吏 lì	隶 lì	怜 lián
帘 lián	莲 lián	廉 lián	镰 lián	敛 liǎn	恋 liàn	晾 liàng
撩 liāo	辽 liáo	疗 liáo	聊 liáo	撩 liáo	燎 liáo	燎 liǎo
撂 liào	廖 liào	劣 liè	烈 liè	拎 līn	霖 lín	鳞 lín
伶 líng	凌 líng	陵 líng	绫 líng	蹓 liū	绺 liǔ	蹓 liù
聋 lóng	陇 lǒng	垄 lǒng	篓 lǒu	陋 lòu	卢 lú	颅 lú
虏 lǔ	掳 lǔ	禄 lù	麓 lù	吕 lǚ	捋 lǚ	屡 lǚ
履 lǚ	虑 lǜ	峦 luán	掠 lüè	抡 lūn	捋 luō	锣 luó
箩 luó	螺 luó	裸 luǒ	洛 luò	摞 luò		

M

鳗 mán	螨 mǎn	曼 màn	蔓 màn	漫 màn	盲 máng	蟒 mǎng
矛 máo	锚 máo	卯 mǎo	铆 mǎo	貌 mào	媒 méi	霉 méi
昧 mèi	媚 mèi	萌 méng	盟 méng	锰 měng	眯 mī	弥 mí
觅 mì	秘 mì	幂 mì	眠 mián	绵 mián	勉 miǎn	描 miáo
瞄 miáo	渺 miǎo	蔑 miè	皿 mǐn	泯 mǐn	闽 mǐn	铭 míng
谬 miù	摹 mó	魔 mó	沫 mò	默 mò	眸 móu	牧 mù
募 mù	暮 mù	穆 mù				

N

娜 nà	捺 nà	氖 nǎi	挠 náo	恼 nǎo	尼 ní	倪 ní
腻 nì	溺 nì	拈 niān	蔫 niān	黏 nián	捻 niǎn	碾 niǎn
撵 niǎn	廿 niàn	酿 niàng	聂 niè	啮 niè	镍 niè	孽 niè
拗 niù	奴 nú	挪 nuó				

O						
鸥 ōu	呕 ǒu	藕 ǒu				
P						
趴 pā	耙 pá	帕 pà	叛 pàn	畔 pàn	膀 pāng	庞 páng
刨 páo	袍 páo	培 péi	赔 péi	裴 péi	佩 pèi	蓬 péng
硼 péng	蓬 péng	坯 pī	劈 pī	疲 pí	劈 pǐ	癖 pǐ
屁 pì	辟 pì	漂 piāo	朴 piáo	瓢 piáo	漂 piǎo	瞟 piǎo
撇 piē	瞥 piē	撇 piě	拼 pīn	频 pín	聘 pìn	坪 píng
萍 píng	泊 pō	泼 pō	魄 pò	剖 pōu	仆 pū	仆 pú
圃 pǔ	浦 pǔ	普 pǔ	堡 pù	瀑 pù		
Q						
沏 qī	戚 qī	欺 qī	祈 qí	畦 qí	棋 qí	鳍 qí
启 qǐ	迄 qì	汽 qì	泣 qì	契 qì	掐 qiā	洽 qià
恰 qià	扦 qiān	签 qiān	乾 qián	黔 qián	纤 qiàn	歉 qiàn
呛 qiāng	呛 qiàng	跷 qiāo	锹 qiāo	乔 qiáo	翘 qiáo	俏 qiào
窍 qiào	翘 qiào	橇 qiào	鞘 qiào	妾 qiè	怯 qiè	窃 qiè
禽 qín	擒 qín	噙 qín	寝 qǐn	沁 qìn	卿 qīng	擎 qíng
顷 qǐng	庆 qìng	磬 qìng	琼 qióng	邱 qiū	仇 qiú	囚 qiú
裘 qiú	屈 qū	祛 qū	蛆 qū	躯 qū	趣 qù	蜷 quán
犬 quǎn	券 quàn	瘸 qué	雀 què	阙 què	裙 qún	
R						
饶 ráo	扰 rǎo	刃 rèn	韧 rèn	荣 róng	绒 róng	融 róng
柔 róu	儒 rú	汝 rǔ	辱 rǔ	蕊 ruǐ	锐 ruì	瑞 ruì
闰 rùn		润 rùn				
S						
仨 sā	卅 sà	腮 sāi	桑 sāng	嗓 sǎng	搔 sāo	骚 sāo
缫 sāo	臊 sāo	臊 sào	涩 sè	瑟 sè	刹 shā	煞 shā
煞 shà	筛 shāi	杉 shān	衫 shān	陕 shǎn	禅 shàn	膳 shàn
晌 shǎng	捎 shāo	勺 sháo	哨 shào	涉 shè	赦 shè	麝 shè
申 shēn	砷 shēn	审 shěn	渗 shèn	慎 shèn	笙 shēng	尸 shī
什 shí	蚀 shí	矢 shǐ	驶 shǐ	屎 shǐ	仕 shì	侍 shì
饰 shì	拭 shì	恃 shì	逝 shì	舐 shì	嗜 shì	誓 shì
噬 shì	螫 shì	寿 shòu	售 shòu	枢 shū	舒 shū	孰 shú
赎 shú	暑 shǔ	署 shǔ	蜀 shǔ	恕 shù	衰 shuāi	帅 shuài
栓 shuān	涮 shuàn	爽 shuǎng	吮 shǔn	舜 shùn	撕 sī	祀 sì
饲 sì	俟 sì	嗣 sì	耸 sǒng	讼 sòng	诵 sòng	颂 sòng
搜 sōu	酥 sū	诉 sù	粟 sù	塑 sù	溯 sù	蒜 suàn
绥 suí	损 sǔn	笋 sǔn	梭 suō			
T						
塌 tā	拓 tà	榻 tà	汰 tài	钛 tài	泰 tài	贪 tān
坛 tán	谭 tán	潭 tán	炭 tàn	淌 tǎng	涛 tāo	淘 táo
藤 téng	梯 tī	啼 tí	蹄 tí	剃 tì	舔 tiǎn	帖 tiě
帖 tiè	廷 tíng	亭 tíng	艇 tǐng	佟 tóng	童 tóng	捅 tǒng
途 tú	屠 tú	蜕 tuì	褪 tuì	吞 tūn	屯 tún	囤 tún
臀 tún	驮 tuó	驼 tuó	妥 tuǒ	拓 tuò	唾 tuò	
W						
洼 wā	蛙 wā	袜 wà	剜 wān	湾 wān	丸 wán	皖 wǎn
腕 wàn	蔓 wàn	枉 wǎng	妄 wàng	危 wēi	威 wēi	韦 wéi
违 wéi	维 wéi	伟 wěi	苇 wěi	委 wěi	萎 wěi	畏 wèi
瘟 wēn	翁 wēng	瓮 wèng	涡 wō	乌 wū	巫 wū	毋 wú
午 wǔ	伍 wǔ	捂 wǔ	悟 wù	晤 wù		
X						
夕 xī	兮 xī	昔 xī	悉 xī	惜 xī	溪 xī	熄 xī
膝 xī	袭 xí	铣 xǐ	匣 xiá	峡 xiá	辖 xiá	霞 xiá
纤 xiān	掀 xiān	贤 xián	涎 xián	霰 xiàn	厢 xiāng	湘 xiāng

镶 xiāng	详 xiáng	祥 xiáng	翔 xiáng	饷 xiǎng	巷 xiàng	肖 xiāo
萧 xiāo	硝 xiāo	箫 xiāo	潇 xiāo	晓 xiǎo	孝 xiào	肖 xiào
啸 xiào	楔 xiē	协 xié	胁 xié	挟 xié	偕 xié	携 xié
泻 xiè	卸 xiè	屑 xiè	械 xiè	芯 xīn	辛 xīn	薪 xīn
腥 xīng	邢 xíng	幸 xìng	休 xiū	羞 xiū	朽 xiǔ	秀 xiù
锈 xiù	戌 xū	嘘 xū	叙 xù	绪 xù	续 xù	絮 xù
蓄 xù	宣 xuān	玄 xuán	癣 xuǎn	靴 xuē	薛 xuē	熏 xūn
薰 xūn	循 xún	旬 xún	巡 xún	循 xún	讯 xùn	汛 xùn
迅 xùn	驯 xùn	逊 xùn				

Y

崖 yá	哑 yǎ	雅 yǎ	轧 yà	焉 yān	淹 yān	腌 yān
燕 yān	延 yán	阎 yán	颜 yán	檐 yán	衍 yǎn	掩 yǎn
砚 yàn	艳 yàn	宴 yàn	堰 yàn	雁 yàn	焰 yàn	燕 yàn
佯 yáng	痒 yǎng	漾 yàng	妖 yāo	邀 yāo	尧 yáo	姚 yáo
窑 yáo	瑶 yáo	舀 yǎo	耀 yào	掖 yē	噎 yē	冶 yě
曳 yè	液 yè	腋 yè	伊 yī	夷 yí	姨 yí	忆 yì
抑 yì	邑 yì	疫 yì	逸 yì	溢 yì	殷 yīn	吟 yín
淫 yín	寅 yín	尹 yǐn	瘾 yǐn	婴 yīng	膺 yīng	盈 yíng
萤 yíng	蝇 yíng	赢 yíng	痈 yōng	壅 yōng	咏 yǒng	泳 yǒng
勇 yǒng	蛹 yǒng	忧 yōu	邮 yóu	酉 yǒu	佑 yòu	诱 yòu
釉 yòu	迂 yū	淤 yū	俞 yú	隅 yú	逾 yú	榆 yú
虞 yú	愚 yú	禹 yǔ	郁 yù	狱 yù	浴 yù	谕 yù
喻 yù	御 yù	寓 yù	豫 yù	誉 yù	冤 yuān	渊 yuān
垣 yuán	援 yuán	猿 yuán	苑 yuàn	岳 yuè	阅 yuè	悦 yuè
晕 yūn	允 yǔn	孕 yùn	晕 yùn	蕴 yùn		

Z

咂 zā	灾 zāi	哉 zāi	宰 zǎi	崽 zǎi	攒 zǎn	赞 zàn
凿 záo	枣 zǎo	澡 zǎo	噪 zào	燥 zào	躁 zào	择 zé
泽 zé	仄 zè	憎 zēng	赠 zèng	轧 zhá	闸 zhá	铡 zhá
乍 zhà	诈 zhà	榨 zhà	斋 zhāi	宅 zhái	毡 zhān	瞻 zhān
斩 zhǎn	蘸 zhàn	杖 zhàng	障 zhàng	昭 zhāo	爪 zhǎo	召 zhào
兆 zhào	诏 zhào	罩 zhào	哲 zhé	辙 zhé	褶 zhě	浙 zhè
蔗 zhè	贞 zhēn	珍 zhēn	砧 zhēn	斟 zhēn	臻 zhēn	诊 zhěn
枕 zhěn	朕 zhèn	脂 zhī	执 zhí	侄 zhí	旨 zhǐ	址 zhǐ
趾 zhǐ	帜 zhì	炙 zhì	掷 zhì	稚 zhì	忠 zhōng	盅 zhōng
冢 zhǒng	仲 zhòng	舟 zhōu	洲 zhōu	粥 zhōu	肘 zhǒu	咒 zhòu
昼 zhòu	骤 zhòu	诛 zhū	烛 zhú	拄 zhǔ	嘱 zhǔ	贮 zhù
蛀 zhù	铸 zhù	爪 zhuǎ	拽 zhuài	撰 zhuàn	篆 zhuàn	妆 zhuāng
椎 zhuī	锥 zhuī	坠 zhuì	缀 zhuì	赘 zhuì	拙 zhuō	灼 zhuó
卓 zhuó	浊 zhuó	酌 zhuó	啄 zhuó	姿 zī	兹 zī	滋 zī
籽 zǐ	渍 zì	棕 zōng	踪 zōng	鬃 zōng	揍 zòu	卒 zú
攥 zuàn	遵 zūn	佐 zuǒ	撮 zuǒ			

第六章　多音节词语测试要领

一、多音节词语测试概况

（一）测试要求

普通话水平测试试卷的第二道题是“读多音节词语”，共100个音节，包括轻声和儿化音节。这道题的测试目的是考查应试人声母、韵母、声调和变调、轻声、儿化读音方面的标准程度。本题读错了可以及时纠正，但只能纠正1次，以第2次读音判分，隔音节改读无效。

（二）分值构成

读多音节词语的满分是20分，每个音节0.2分。出现语音错误每个音节（单字）扣0.2分；出现语音缺陷每个音节（单字）扣0.1分。

（三）评分要求

1. 语音错误

语音错误，原则上是指普通话语音（音位）系统中，把一个音（音位）误读作另一个音（音位）。测试中，只要声母、韵母、声调三者之一出现错误即可认定一个音节的语音错误，或者采取不读、跳读等方式处理，都算作语音错误。

2. 语音缺陷

语音缺陷，除了第五章中讲到的测试第一题语音缺陷的认定情况外，还包括轻声、儿化韵、变调的语音缺陷。

3. 超时扣分

这道题限时2.5分钟。用时超过2.5分钟，不到3.5分钟，扣0.5分；用时达到和超过3.5分钟，扣1分。

二、多音节词语扣分点分析

多音节词语测试部分的扣分点除了字的语音错误和语音缺陷，还包括音变失误和读词语的技巧失误。第一题扣分点分析中讲到的声母、韵母、声调的语音错误和语音缺陷在此不再分析，下面对本题中出现的其他扣分点进行分析。

（一）难点字扣分点举例分析

1. 语音错误基本类型

（1）把 ing 韵发成 in。

（2）把 eng 韵发成 en。

（3）把 n 发成 l。

（4）把 zh、ch、sh 发成 z、s、c。

（5）把 z、s、ch 发成 zh、ch、s。

（6）双音节词语声母由 n+l、n+n、l+l、l+n 组成，发音时 n 和 l 混淆。

（7）古入声字声调变为阴平、阳平。

（8）多音字的错读。

（9）受方言音影响读错。

2. 语音缺陷基本类型

（1）后鼻韵太过，例如：ing 和 eng 的发音部位过于靠后，造成后鼻韵太过。

（2）上声音调处于末尾未发音完整，例如：214 的调值发成 21。

（3）两个相连的阳平发音不到位。

3. 西南官话区易错难点字

（1）古入声字声调的变化。

例如：到达的“达”　夺取的“夺”　极其的“极”　点拨的“拨”　缺乏的“乏”

（2）边鼻音不能混淆。

例如：牛奶　年龄　农历　哪里　老娘　努力　来年　女郎　理念　烂泥

（二）变调扣分点举例分析

1. 语音错误基本类型

（1）两个相连的上声发音 35+214 读成 21+35，例如“写法”“卷尺”。两个相连的上声中第一个上声应变为调值 35。

（2）把上声 21 的调值读成 35，例如方法论中的“法”。一些古上声字在非去声字前应变为调值 21。

（3）“一”的变调混淆，正确的变调应为“一”在阴平、阳平、上声音节前读去声 51 调值，在去声前读阳平调值 35。

（4）“不”的变调混淆，正确的变调应为“不”在去声音节前变成读调值 35。

（5）三个上声相连的词语中将前两个上声读成35，当词语结构为“单双格”时变调应为211+35+214；当词语结构为“双单格”时变调应为35+35+214。

2. 语音缺陷基本类型

上声变调中常出现发音不到位。

3. 西南官话区易错变调

方言影响下的多音节字的读音常出现错误。

例如：

转身－倒转

血液－出血

别扭－别针

高涨－涨工资

（三）儿化音节扣分点举例分析

1. 儿化音节错误基本类型

把儿化音节中的“儿”单独读成“er”。

2. 儿化音节缺陷基本类型

儿化音节发音不到位。

3. 西南官话区易错声调

（四）轻声音节扣分点举例分析

1. 轻声音节错误基本类型

（1）把轻声音节读成非轻声音节。

（2）把非轻声音节读成轻声音节。

（3）发音与轻声音节的音高、音强要求有差距。

2. 轻声音节缺陷基本类型

轻声音节发音不到位。

3. 西南官话区易错轻声

两个上声组成词语应变调为调值35+31。

例如：晌午　打点　小姐　把手

（五）词的轻重音格式及测试要领

词语的轻重音格式中的“重”是指词语重的一些音节要读得略重一些，略长一些，听感上更清晰强烈一些。“轻”一般分为两种情况，一种是轻声词语重的“轻”，要求读得又轻又短，听感上有一些模糊；另一种是“轻读”。轻读相较于重读要读得更轻一些、更短一些，但没有到轻声的程度。

（1）双音节词语轻重音一般分为两种，一种是“中－重”，例如：走路、聆听、明月；一种是“重－轻”，例如：椅子、交情、本事。

（2）三音节词语轻重音格式大多为“中－次轻－重”格式，例如：荧光灯、展览馆、办公室。

3. 四音节词语的轻重音格式大多为“中 - 次轻 - 中 - 重”，例如：面面俱到、不可思议、破釜沉舟。

三、多音节字综合练习

练习一

无穷	虽然	药方儿	照料	商品	霓虹灯	挫败	认识
创作	群体	政权	男女	录用	怎么	细菌	撇开
共存	亏损	火锅儿	衰变	讨好	决定	家庭	佛学
小瓮儿	偏见	痛快	宣传	栅栏	夸张	偶尔	终于
才能	非法	牛顿	哈密瓜	博大	日光	强烈	关卡
含量	泪珠儿	思维	热爱	没有	镜子	补偿	线圈
得心应手		昂首	沙发	火车	西欧	死板	刷新
传染病	天体	胶片	邮戳儿				

练习二

咳嗽	大娘	土匪	快乐	增长	掉价儿	青蛙	落日
从而	冠军	捐款	占用	老爷	配合	主人翁	上层
党委	佛像	荒谬	红包儿	波谷	另外	分泌	存在
案子	恰如	公民	虐待	光照	旦角儿	撇开	群众
闺女	亏损	英雄	区域	海市蜃楼		抖擞	地下水
濒于	成虫	红军	门洞儿	挂念	封锁	牌楼	软骨
条款	数量	天鹅	找碴儿	恰好	增强	率领	悲惨
虐待	小气	特别	非常				

练习三

簇拥	佛寺	报名	宣布	稀罕	打开	饭盒儿	商品
日渐	人群	画卷	月球	自治区	难怪	窘迫	将来
农村	准许	玩意儿	状况	眉头	为了	蜗牛	障碍
婴儿	创造	灭亡	恰当	完全	妇女	麦子	不良
旅馆	外界	人员	日历	胡同儿	牛顿	爽朗	训练围
嘴儿	飞快	飘然	意思	深奥	病榻	小丑	因而
下马	少年	手工业	夸张	退化	村庄	蛋黄儿	上层
明天	窘迫	疟疾	干燥				

练习四

地球	打算	跟前	排斥	政策	军用	佛经	挨个儿
课程	抓获	疮疤	开垦	作战	新娘	学说	青霉素

生存 笔者 累赘 思索 课程 全身 虐待 体育馆
大娘 刀刃儿 挺拔 政策 不安 邮戳儿 佛法 烈日
冲刷 怪物 飞行 然而 激昂 富翁 英雄 渺小
黄色 太阳能 平均 保险 决心 脑瓜儿 谬论 干脆
胖子 波段 痛快 食用 矿产 疲倦 创作 后悔
毛驴儿 遵守 我们 恰巧

练习五

加入 怀念 森林 群众 亲切 催化 同学 深层
贫穷 黑板 落款儿 全局 土壤 音响 南瓜 谬论
劳动者 迅速 妖精 恰好 人们 光明 策略 挽回
分别 群众 挨个儿 往返 外国 总之 孙女 所以
创作 专用 没谱儿 衰败 长城 夸张 痞子 波涛小
瓮儿 思考 佛典 厉害 而且 夏季 方案 日见
辩证法 右手 大娘 问卷 得天独厚 压力 主人翁
论文 成为 喷洒 媳妇 高傲

练习五

恋爱 花蕊 外部 跟随 大婶儿 女郎 赞美 收摊儿
怪异 名词 状况 夸张 带子 旋转 叙述 侵略
特别 耳朵 栽培 重叠 小偷儿 红色 窘迫 正面
警犬 唱歌儿 黄瓜 丰满 日用 乒乓球 火种 事情
均匀 宽阔 才能 新娘 的确 发扬 纯粹 佛教
汗流浃背 收缩 仇恨 创作 全体 小葱儿 难怪
蒙古包 投资 帐篷 恩情 状况 媒介 日食 文献
恰好 玩耍 别扭 亏损 蛋黄儿

练习六

规律 率领 窘迫 私人 种群 发表 挫伤 寻找
综合 肚脐儿 分配 民主 铁匠 成年 用力 革命
检讨 幼儿园 材料 妇女 加热 在这儿 佛学 病变
党委 月亮 夸大 东欧 焕然一新 全面 飞快
学生 军人 变更 逃窜 运行 麻醉 波纹 琵琶染
色体 摧毁 粮食 张贴 配合 彼此 游泳 报名
奶粉 另外 抽空儿 动员 穷尽 创造 冰棍儿 来往
暗中 山坳 在这儿 顾虑 火候

练习七

枢纽 起居 电压 佛像 苟且 啄木鸟 消化 传说
显得 侵略 度日 夸奖 掉价儿 亏损 儿童 身子
南方 沧桑 宣传 青蛙 状况 亏损 盆子 差别
电视台 效用 脆弱 人群 打鸣儿 所以 谬论 张罗

战略	音乐	脑海	出圈儿	窘迫	来宾	痛快	抓获
按钮	下去	配偶	首都	富翁	红娘	运输	鬼脸
叫好儿	仍然	日记	洗澡	棒槌	相关	从而	眼睛
化肥	尊重	恰当	怀抱				

练习八

唱歌儿	男女	铁锨	灭亡	根据地	政策	佛寺	下午
灯泡儿	设备	才能	挎包	围剿	恰当	穷人	后头
铁轨	状况	波峰	男女	瓜瓤儿	配偶	方便	实用
追求	这么	区别	总称	学科	判决书	存款	在场
铺盖	亏损	新娘	另外	疲倦	类似	啄木鸟	展览
定律	小瓮儿	收缩	沉重	邮戳儿	即日	逃窜	佛法
缅怀	权利	影子	均匀	因而	好歹	大相径庭	
明年	窘迫	算账	女婿	群众			

练习九

爱国	全部	伴随	赔偿	痛快	亏损	柔美	体温心
眼儿	佛经	主人翁	伤害	小腿	石子儿	学术	军阀
卫生	吆喝	从此	侵略	牛顿	婴儿	玩耍	拥戴
大娘	咱们	创立	成分	给予	逗乐儿	撇开	浪费
馒头	挎包	难怪	乞讨	恰好	工作日	个别	灯泡儿
物价	旋转	荒谬	测量	窗口	贵姓	在乎	高跟儿鞋
虐待	加强	土匪	蒸发	穷人	唱歌儿	婚姻	下列
包装	袜子	海关	谬论				

练习十

宣传	作品	鼻梁儿	探索	然而	懊丧	佛典	夸张
词汇	并用	时日	预测	男女	喜庆	搏击	木头
侦查	文学	外界	权力	照片	野生	色彩	黄豆
痛快	军队	面条儿	吹牛	晚上	分配	群众	阻拦
八仙桌	任何	沿用	推算	沉重	未曾	操作	老爷
证明	牛顿	脸盘儿	而且	宾主	决策	窘迫	奇怪
高潮	群体	笑容	妨碍	出发点	滑动	安全	痰盂儿
社会	佛教	乡下	频率	快乐			

练习十一

循环	妇女	没准儿	景观	深厚	稳妥	公司	两口子
杂费	笔尖	谬误	虐待	被窝儿	开辟	恰当	刷新
状况	冤枉	上班	亏损	值日	国王	今日	虐待
花瓶儿	难怪	产品	掉头	遭受	露馅儿	在这儿	雄伟
婴儿	群众	电压	侨眷	在乎	怀念	摧毁	完备
允许	骄傲	质量	杀害	逗乐儿	穷人	虐待	吹牛

妥当 仍然 大娘 工程师 作品 佛寺 送信儿 谬论
胸脯 首尾 折磨 吵架

练习十二

连续 枕头 新娘 航空 富翁 节日 上层 核算
大学生 名词 况且 诋毁 黑暗 挖苦 发票 贫穷
一目了然 人群 压力 材料 窘迫 亏损 翱翔
永远 一辈子 佛典 沙尘 存在 请求 累赘 发愣
外面 酒盅儿 似乎 怎么 赔偿 勘察 妨碍 辨别
调整 少女 做活儿 完全 霓虹灯 疯狂 从而 入学
夸奖 回去 篡夺 秧歌 夏季 钢铁 通讯 敏感
不速之客 奶粉 抓阄儿 虐待 麻烦

练习十三

追求 佛教 包子 原则 热量 农村 履行 骨髓
概括 全身 断层 允许 障碍 小瓮儿 坏人 愉快
打算 来临 灭亡 仍然 虐待 方法论 挫折 压迫
至今 减轻 罪恶 脸盘儿 教训 签订 告诉 黑夜
唱歌儿 拐弯儿 配套 玻璃 探索 创作 后跟儿 全体
春光 运动 神经质 昂首 衰变 疲倦 电话 口吻
宾馆 物价 宫女 荒谬 思想 穷苦 挑剔 从容
侦查 作用 玩耍 窗子

练习十四

给以 南半球 重量 蜜枣儿 摧毁 佛学 特别 命令
周而复始 撇开 群众 窘迫 提成儿 日益 亏损
怀念 洼地 男女 喜欢 军阀 效果 症状 趋向
探讨 怎么 作风 亏损 儿童 蚂蚁 日见 柔软
火星儿 英雄 仙女 及时 格外 摧残 国务院 虐待
病人 天下 佛典 被窝儿 权利 终身 扭转 破坏
宾主 价值 怎么 刷新 大娘 爱好 小瓮儿 感慨
临床 猫头鹰 舌头 傍晚 深化

练习十五

线轴儿 协作 定额 随便 分配 牛仔裤 勉强 穷人
摧毁 窘迫 给以 战略 昂然 分别 祖宗 凉爽
撇开 画家 走访 因而 身边 拐弯儿 下游 看法
哥们儿 篡改 圈套 群体 效率 思维 虐待 英雄
牛顿 冲刷 大伙儿 今日 流传 轻快 多么 奥秘
亏损 状况 军事 太阳能 面前 谬误 灯泡儿 从此
扫帚 贯彻 土匪 商标 戏曲 佛像 主人翁 同伴
收回 厌倦 大褂儿 仍然 率领

练习十六

母亲 昂扬 栅栏 佛寺 旋转 原因 价格 长颈鹿
装备 句子 操纵 逗乐儿 手稿 材料 观察 恰好
往返 谬论 标志 虐待 不约而同 佛经 虐待
成本 闺女 强调 侵略 能量 灭亡 打嗝儿 收藏
迅速 烧饼 人群 钢铁 豪华 亏损 框子 后天
农村 怀抱 荧光屏 家长 何尝 可以 然而 胸脯
开窍儿 盗贼 无穷 有劲儿 席卷 挫折 于是 陡坡
繁荣 镇压 玩耍 拉链儿 宣传

练习十七

拇指 安慰 探索 外面 四周 矮小 你们 做梦
非法 留声机 英雄 群体 候鸟 协商 首饰 柔软
刺激 跑腿儿 夸张 状况 而且 下降 男女 镇压
坎肩儿 全面 扫帚 工作 画外音 差别 虐待 衰老
训练 聪明 课本 红包儿 谬论 回归 富翁 所有制
强度 断层 表皮 盖子 长城 顶点 合同 掠夺
挨个儿 佛法 赞美 消费 速率 恩情 窘迫 问卷
人民 不以为然 军队 融合

练习十八

根据地 挫折 汹涌 成名 意思 疲倦 清爽 仍旧
棉球儿 虽说 说话 家畜 灵敏 矮小 全部 红包儿
拱桥 循环 钢铁 咳嗽 舞蹈 缺乏 昂贵 快板儿
频率 花鸟 内外 贩子 操作 疲倦 遵照 维持
金丝猴 周年 抓获 黄昏 脸盘儿 榨取 眉头 千瓦
佛像 笼子 权力 因而 门洞儿 打倒 钢铁 盖子
磁场 主人翁 成品 飞快 硫酸 双亲 别扭 崩溃
妇女 一直 节日 粗略

练习十九

早春 善良 存在 不言而喻 牙刷儿 佛教 棒槌
存亡 搬运 横扫 逗乐儿 粉碎 何况 缺点 连累
撇开 墙壁 管理 大娘 窘迫 群众 丢掉 按钮
恰当 砂轮儿 核算 丰满 疟疾 表演 加工 破坏
开外 寻找 恩情 从而 生产力 无穷 荒谬 群体
花脸 佛学 挨个儿 匪徒 锥子 观光 弱点 由于
渗透 妇女 半道儿 红润 老爷 飘带 上层 拼命
夸张 媒人 白色 操纵

练习二十

大娘 侵占 显微镜 持久 宾客 钢铁 手绢儿 英雄

质量　选举　创作　一丝不苟　窘迫　必须　挨个儿
木偶　逃窜　虐待　帮忙　难怪　科学家　场所　钢铁
另外　从小　人影儿　分配　仍然　将军　感慨　通讯
清楚　调和　悄声　上下　拥有　补丁　婴儿　农村
安全　坎肩儿　双亲　个别　奔跑　如下　关卡　累赘
疯狂　扯皮　来不及　钢铁　棉花　财产　钉子　战略
夸张　群众　以外　跳高儿

练习二十一

富翁　畅所欲言　垂危　被窝儿　柔软　封闭　王后
啄木鸟　高昂　舒坦　佛经　安排　地层　然而　支持
元素　夏天　麻花儿　思索　南方　总额　家乡　紧缺
谬论　苟且　纳粹　稳当　区别　小瓮儿　妇女　开业
定律　人群　上吊　空子　剥削　哈密瓜　眷恋　贫穷
舌头　分工　配合　红军　创造　扭转　线轴儿　应用
快乐　率领　抑扬顿挫　窘迫　日益　军粮　月份
嫂子　而且　叫好儿　根据　国王　花瓶　办公室

练习二十二

审美　新娘　坎肩儿　牛顿　悲哀　群体　钻头　收成
串联　开会　政权　荒谬　面孔　宣布　客气　英雄
挂帅　压力　大伙儿　规格　作者　孙女　水鸟　消灭
策略　中外　主人翁　佛法　恰当　灾难　盎然　图钉儿
思考　先生　拼凑　引导　出类拔萃　规律　儿童
破坏　佛典　村子　瓦斯　无穷　品位　牙签儿　血管
人才　家伙　美酒　书卷　苗头　爱国　温柔　抢险
按照　高涨　碎步儿　操办　命运

练习二十三

何况　进化论　凉爽　飞快　涅槃　钢镚儿　山川　飘动
录音机　正确　总结　天鹅　妇女　英雄　日益　差别
完全　被窝儿　开垦　课程　妥当　大娘　横扫　遵循
有的放矢　仍然　爪子　电压　存在　均匀　后面
编写　健全　花瓶儿　恰巧　风格　半导体　报废　红娘
快乐　西欧　意思　发狂　掌管　小说儿　血液　从而
卤水　佛教　未遂　牛犊　似的　旋转　谬误　国王
悲哀　吵嘴　诚恳　火苗儿　侵略

练习二十四

授予　难怪　力量　责任感　今日　少女　苍穹　名牌儿
窘迫　疼痛　换算　温带　部分　侦察　穷人　小鞋儿
疲倦　拍摄　群众　专门　红娘　润滑　层次　差额

辩证 石榴 捣毁 国王 快速 民间 亏损 上空
夸张 恰好 名堂 冠军 年头儿 修养 多寡 打算
安培 扭曲 个别 母体 创造性 废水 波长 外部
参加 做活儿 偶尔 聊天儿 愿意 身份 豆子 侵略
富翁 劳动者 佛学 利用 哀愁

练习二十五

与日俱增 繁殖 奔涌 妥当 马匹 新娘 核算
豆芽儿 罚款 婴儿 老头儿 收购 主宰 障碍 她们
谬论 亲切 命运 望远镜 群体 赔偿 超额 佛像
战略 双重 嗓子 奇怪 话筒 红润 科学家 坚持
土匪 定律 小瓮儿 干脆 少女 交流 成为 私人
念叨 财政 辩驳 打击 撇开 做活儿 衰弱 线圈
八卦 层出不穷 配合 爽快 佛寺 热爱 马车
侵略 蒜瓣儿 频率 篡夺 窘迫 清楚

练习二十六

干脆 透明 加以 灭亡 浪费 螺旋桨 荒谬 虐待
昂然 恰好 因而 妇女 开垦 教训 夸张 唱歌儿
年龄 跳高儿 影响 冬天 主人翁 缘故 洗澡 扇子
怀抱 未曾 随便 日用 群众 拱手 花纹 记事儿
低洼 纳税 区别 牛顿 奔走 先生 完备 症状
交流 行当 公民 在这儿 租用 恰好 冲刷 运动
巴掌 次日 分配 夏季 自然界 热爱 天真 外面
窘迫 迅速 脸盘儿 苦恼 男女

练习二十七

谬论 苗头 水果 佛经 参议院 随便 新娘 而且
大量 学习 肚脐儿 铁青 发票 小曲儿 绘画 王朝
客观 老爷 文明 火坑 上层 飞快 虐待 罪恶
赤手空拳 规则 传导 通用 后头 定额 太阳系
词汇 上层 从而 浪费 铺盖 色彩 压力 小说儿
烤火 加速 疲倦 照片 荒谬 玩耍 天窗儿 国民
外界 穷困 饼子 佛法 泪珠儿 党委 红娘 夸张
薄弱 溜达 灭亡 人群 这些

练习二十七

偶然性 日食 男女 虐待 增强 觉悟 亏损 老本儿
妖怪 平均 山区 全体 语重心长 反省 贴切
那么 荒谬 大战 抓阄儿 处于 公司 未曾 宣传
盗贼 苍白 随后 挨个儿 富翁 方法论 产品 下午
窘迫 虐待 然而 连累 人群 外地 口腔 笑话儿

成本　细菌　决议　少女　琵琶　骄傲　爽快　营养
关卡　贵宾　门铃儿　财政　佛典　探讨　柔软　生长
年轻　亏损　合作社　原料　挪用

练习二十八

自始至终　完成　在这儿　水箱　东方　运行　哈密瓜
创立　女婿　碧波　纯粹　状况　牙刷儿　缺口　疲倦
打赌　怀念　伴随　听话　它们　白日　快乐　敏感
浪费　因此　绝着儿　说法　强求　宣布　困难　收缩
世界观　捏造　虐待　骚扰　上层　规矩　融洽　讴歌
摊子　配合　品种　电流　佛教　小瓮儿　人群　无穷
用户　震耳欲聋　生存　白色　需要　承受　合群儿
安慰　走访　频率　故事　怀抱　分辨

第七章　朗读短文测试要领

一、朗读短文测试概况

计算机辅助测试系统下的普通话水平测试中第三题为朗读短文，该题限时 4 分钟，共 30 分。朗读短文是在根据《普通话水平测试大纲》所规定的朗读篇目测查应试人声母、韵母、声调读音标准程度的同时，重点测查连读音变、停连、语调以及流畅程度。

（一）测试要求

应试人根据给定的朗读篇目（一篇）进行应考。朗读短文的篇目从《普通话水平测试用朗读作品》中选择，朗读短文的具体内容固定。测试过程中读错音节不可回读，且必须在 4 分钟内读完内容，时间结束时系统自动提交。

（二）分值构成及评分要求

朗读短文的满分是 30 分，分为定量评价和定性评价。评分以朗读作品的前 400 个音节（不含标点符号和括注的音节）为限。

1. 定量评价包括字音和用时两部分

（1）字音（音节）。每错 1 个音节扣 0.1 分；漏读或增读 1 个音节，扣 0.1 分。

（2）用时。超过规定时间（4 分钟），扣 1 分。

2. 定性评价包括声韵母、语调、停连和流畅四部分

（1）声韵母。声母或韵母系统性语音缺陷，视程度扣 0.5 分、1 分。

（2）语调。语调偏误，视程度扣 0.5 分、1 分、2 分。

（3）停连。停连不当，视程度扣 0.5 分、1 分、2 分。

（4）流畅。朗读不流畅（包括回读），视程度扣 0.5 分、1 分、2 分。

二、朗读短文扣分点分析

（一）字音（音节）扣分

在朗读短文过程中，所有的说话音节均为评分依据。朗读的材料是固定的，必须根据材料进行朗读，读错音节（将甲字读成乙字），读漏字——例如：把“水是生命的重要组成部分”读成“水是生命的组成部分”，增字——例如：把“水是生命的重要组成部分”读成“水是生命的非常重要组成部分”，以上三种情况，每错一个音节扣0.1分，同一内容反复出错，按出现次数累计计算。

（二）超时扣分

在朗读短文时，必须在规定时间内，即4分钟以内将朗读作品的前400个音节（不含标点符号和括注的音节）读完。超过4分钟未读完的扣1分，即在原有未读音节的扣分基础上加扣1分。

（三）声韵母扣分

声母或韵母系统性语音缺陷。声母语音缺陷，主要指声母的发音部位不够准确，但还不是把普通话里的某一类声母读成另一类声母，比如把zh、ch 、sh读成接近z、c、s，但是又没有完全读成z、c、s。韵母语音缺陷，主要指合口呼、撮口呼韵母圆唇度明显不够，语感差；开口呼韵母开口度明显不够，听感性质明显不符；复韵母舌位动程不够；鼻音尾韵母收音明显不够，鼻音尾不明显等。出现声母和韵母以上语音缺陷，视程度扣0.5分、1分，即只要出现声母或韵母系统性语音缺陷，至少扣0.5分，至多扣1分。

（四）语调扣分

语调的升降，是指语调的高低抑扬变化。同一语句，往往因为语调升降处理不一样，而能表达出多种多样的意思。在朗读短文过程中，由于语境的需要，在进行音节的连读时会发生连读音变，此时对语调的变化就会有要求，如果语调偏误，就会视程度进行扣分。例如：把阴平调调值55（高平调）读作升调，包括高升调35、中升调24、低升调13、全升调15等；把上声调调值214（降升调）读作升调，包括高升调35、中升调24、低升调13、全升调15等。扣分为0.5分、1分、2分不等，即只要出现语调偏误，至少扣0.5分，至多扣2分。

（五）停连扣分

停连不当会扣分，即在该停顿的地方没有停顿，或者在需要连读不该停顿的地方停顿换气，这种情况会扣分。例如：“我为什么非要教书不可？”这句话，如果变成

"我为什么非要教 | 书不可?"这就是把"教书"这个词语给拆开了,改变了原有的意思,即为停连不当。出现停连不当,视程度扣 0.5 分、1 分、2 分,即只要出现停连不当,至少扣 0.5 分,至多扣 2 分。

(六)流畅程度扣分

在朗读短文时,要求应试人朗读流畅,如果朗读不流畅,除了对文章不熟悉引起的不流畅之外,回读也会被判定为朗读不流畅,会视情况扣分。例如:"其实你在很久以前并不喜欢牡丹,因为它总被人作为富贵膜拜。"这句话,当读成"其实你在很久以前**就**喜欢牡丹,因为它总被人作为富贵膜拜"时发现读错了,又返回去重新读一遍,这时就会被判定为朗读不流畅。当出现朗读不流畅(包括回读),会视程度扣 0.5 分、1 分、2 分。即只要出现朗读不流畅(包括回读),至少扣 0.5 分,至多扣 2 分。

三、朗读短文应掌握的基本技巧

(一)规范语音的技巧

1. 音节读准

简单来说,就是按照普通话的标准和规范来吐字发音,使发音正确、声调准确、字正腔圆。也就是说,按普通话的构成要求把汉字音节的声母、韵母、声调念准,进而读准每个音节。常用的汉字不过 4 000 个左右,它们都离不开 418 个音节和阴平、阳平、上声、去声 4 个声调。因此,只要下苦功夫,读准声母、韵母和声调,那么读准全部音节就是不难做到的事情。

当然,读准每一个音节后,不等于语音就规范了,还要进一步训练既保持自然语音的读法,又在咬字上进行适当的加工,以便听众对你讲出的每一个字词都能听得真切。

2. 音节协调

适当多用一些双音节词、四音节词讲话或练习朗诵,可以增强语言的响度和节奏感,读起来朗朗上口,听起来比较优美悦耳。运用拟声词、象声词也是使音节协调的一种办法。它既可以使被表述的事物形象生动,又可使声音和谐,达到声与形的有机统一,增添语言的表现力。

3. 韵调和谐

这里的"调"是指声调。汉字一字一个音节,每个音节又有四声即平仄之分,如果声调搭配得好,就可出现高低抑扬、急缓起伏之情势。

平声字和仄声字交错使用,可以形成声音的抑扬相应、高低相配、急缓相间、起伏相连,从而使声音刚柔相济、协调和谐。

（二）选择语气的技巧

1. 朗读语气的含义和作用

语气，即说话的口气。它既存在于书面语言之中，更存在于口头语言之中。在书面语言里，作者语气要通过读者的视觉引起思维才能感受、认识、体会。而口语表达中的语气，将句式、语调、理性、辞藻、音色、立场、态度、个性、情感等融为一体，由朗读者直接诉诸听众的听觉，听众当即就可直观地感受到，因而，它对口语表达的效果产生直接的、立竿见影的影响。语气之强弱、长短、清浊、粗细、宽窄、卑亢等变化，均能产生不同的声音效果。

语气的内涵是多方面的，它具有多姿多彩的复杂形态。语气的多样性是语言本身丰富性的反映，也是语言能力强的一个表现。语气不同，表情达意也就有不同，其中尤其以声音和气息状态至为重要。朗读者必须通过声音和气息将思想感情表达出来，而不同的声音和气息表达不同的思想感情。

可以这样说，有了恰当的语气，才能使朗读者具有形象色彩、感情色彩、理性色彩、语体色彩、风格色彩；有了恰当的语气，才能增强语言的魅力，才能恰当地表达思想感情，才能调动听众的情绪，引起听众的共鸣。

2. 语气的选择

语气是多种多样的，无论是从表达主体和听众的关系还是从表达主体的心境和思想感情来看，或者从表述内容和方式来看，它都是丰富多彩的，因人、因事、因时、因地而不同，变化多端，气象万千。在朗诵过程中，语气永远不会是单一的，常常出现几种语气交替出现或结伴而行的现象。不过，在综合运用多种语气的过程中，还是有主次之分的，主要的感情色彩造成主要的语气色彩，即语气的基调。所以，无论是朗读诗歌、散文、小说，都应掌握这个基调。与此同时，又要适时根据内容、感情、对象等的变化，选择调控自己的语气，使之恰如其分。

总之，语气要服从内容，语气要看对象，语气要质朴自然、贴近生活。

（三）调控速度的技巧

1. 朗读速度的含义和种类

朗读的速度是指朗读中音节的发音时间长短，或者说单位时间里吐字的数量。它大体分快速、中速、慢速三种情形。

（1）快速。一般用于表示紧张、激动、惊奇、恐惧、愤怒、急切、欢畅、兴奋的心情，或者用于叙述急剧变化的事物与惊险的场景，或者用于刻画人物的机警、活泼、热情的性格等。

（2）中速。一般用于感情与情节变化起伏不大的场合，或用于平常的叙事、议论、说明、陈述等。

（3）慢速。大多用于表示沉重、悲伤、忧郁、哀悼的心情，或用于叙述庄重的情景。

不论快速、中速、慢速，都有一个“度”。比如，快速，也不能像放鞭炮似的，使人耳不暇接；慢速，也不能慢慢腾腾，半天一句，使人听起来十分吃力，等得不耐烦。一句话，就是快慢要得体。

2. 朗读速度的取决因素

朗读的速度，主要取决于以下因素。

（1）取决于内容和情节。从结构上来说，朗读中一般既有快速，又有中速、慢速，有张有弛，起伏跌宕。从内容和情节来看，陈述速度慢于抒情速度，抒情速度慢于议论速度；情调低沉的叙述、人物对话应该慢些；急切的呼吁、愤怒的谴责、热烈的争辩、激昂的陈述、紧张的场景描述应该快些。内容和情节本身的客观要求，是决定表达速度的最主要依据。

（2）取决于表达者的年龄。显然，朗读同样的内容，少年儿童快于青年人，青年人快于中年人，中年人快于老年人。

（3）取决于听众的年龄和接受能力。一般来说，对于老年人和少年儿童或接受能力相对较低的听众，或听众普遍对某些内容感兴趣，不少人都想将其记录下来的时候，应该把表达的速度放慢些。

快与慢都是相对的。无论是快还是慢，都需要表述得清晰明了，以听众听得真切明白为基本出发点，要做到快而不乱、慢而不拖、快中有慢、慢中有快、快慢相间。

（四）变换节奏的技巧

节奏与速度有密切的联系，但又不是等同的。节奏不单是一个速度问题。节奏是一种有秩序的、有规律的、协调的变化进程。

在朗读过程中，节奏的要素大体有以下这些：结构的疏与密，内容的详与略，情节的起与伏，情感的激与缓，声调的抑与扬，音量的大与小，态势的动与静，速度的快与慢，语流的行与止，过程的长与短等。这些要素的综合运用，便会形成节奏，形成有声语言的乐章，激荡听众的情感，启迪听众的思维，引发听众的共鸣，鼓舞听众，感召听众。这些要素有的前面已经讲过了，这里着重介绍一下语流的行止技巧。

最基本的行止知识，是标点知识。根据标点符号、段落等区分停顿间隙的长与短。但语流的行止，远不止这些。停顿，既可以用来换气，又可以用来表示意义的区分、转折、呼应，还可以传达引起听众注意的信息；相反，当表述某种连贯的情节、境况，或当表达者感情奔放，如行云流水，不可遏制之时，则需要一气呵成，需要语句的连续不断。以下着重介绍一下停顿的知识。

停顿，就是指句子当中，句子之间，段落之间的间歇。常见、常用的停顿有以下几种。

1. 换气停顿

人的正常呼吸 4~5 秒钟一次，由于换气的需要，在表达过程中必然要有停顿，这种停顿即换气停顿。特别是有些长句，中间没有也不应有标点符号，而一口气却无法说完，必须酌情进行换气停顿。比如这样的长句：

“饮水思源，我们怎能不万分感激 ‖ 和无限缅怀伟大领袖毛主席 ‖ 和敬爱的周总理呢！”

"我祝愿全国的青少年‖从小立志献身于‖伟大的共产主义事业……"

标有"‖"符号的地方是指需要换气停顿的地方。事实上,这里的停顿,还不仅是为了换气,而且是为了加强语言的清晰度和表现力。倘若将上述的两个长句不停顿地勉强一口气念完,既难做到清晰,又不可能有多大表现力,既平淡,也勉强。

换气停顿要恰当,必须服从内容和思想感情表达的需要,尽管换气停顿的具体方法每个人不尽相同,但是却不能随心所欲,想在哪里停顿就在哪里停顿。比如:上例第一句如果按下述方法换气停顿,变成:"饮水‖思源,我们怎能‖不万分感激和无限缅怀伟大领袖‖毛主席和敬爱的‖周总理呢!"那就不能恰当地表达思想感情了,甚至会引人发笑,显得有些滑稽了。

有些句子如果在不同的地方停顿,意义不同,甚至会完全相反。比如:"他望着我笑了起来",若在"我"后面停顿,是指他笑了起来;若在"望着"后面停顿,是指我笑了起来。

2. 语法停顿

语法停顿是根据句子的语法结构所作的停顿。这种停顿,一般根据标点符号进行时间长短不一的停顿,凡有标点符号的地方都应有适当的停顿,停顿时间大体是:句号 > 分号 > 冒号 > 逗号 > 顿号。至于省略号、破折号、感叹号、问号等,要根据其使用的地方和表情达意的具体情况来确定停顿时间的长短。

3. 逻辑停顿

逻辑停顿,是指在朗读过程中,有时为了表达某种感情,强调某一观点或概念,突出某一事物或现象,在句中没有标点符号的地方做适当的停顿。

遵义会议‖纠正了‖在第五次反"围剿"斗争中所犯的"左"倾机会主义性质的严重的原则错误,团结了|党和红军,使得|党中央和红军主力胜利地完成了长征,转到了抗日的前沿阵地,执行了抗日民族统一战线的新政策。

"遵义会议"之后没有标点符号,但是为了突出"遵义会议"的地位,强调"遵义会议"在我党历史上的伟大意义,就应有一个停顿,而且比下面的其他逻辑停顿的时间要长一些。"纠正了""团结了""使得""转到了""执行了"这些词语后面也没有标点,但为凸显出"遵义会议"的伟大历史意义,应该停顿,句中划"‖"和"|"的都表示逻辑停顿。

这种逻辑停顿,虽然随着所强调的和要突出的内容不同,停顿的地方可以有所不同,但是,它仍然要受语法停顿的制约。一般是在主语和谓语之间、动词和较长的宾语之间、较长的附加成分与中心词之间、较长的联合成分之间作逻辑停顿。

4. 心理停顿

心理停顿又称感情停顿,它没有固定的模式,既可以在句子开头停顿,也可以在句子中间或结尾停顿。前几种停顿,停顿的时间都较短,通常最长也只能是几秒钟。而心理停顿,可短亦可长,短则几秒,长则几十秒,甚至几分钟,由表达者根据所表达的内容或情感的需要,自行设计和掌握,运用得好,可以产生很强的艺术效果。

心理停顿主要用于以下场合。

(1)论理之后拟举例说明,需作停顿,举例结束亦可作停顿。前者是为了引起听众注意你的“转折”之举，后者是为了让听众引发联想，举一反三，触类旁通。

（2）设问之后回答之前需作停顿。如前所说，有些设问是不作答的，而有些设问是自问自答的，在设问后，自答前，应作停顿，既可使听众产生悬念，还可为后面的出人意料的巧妙回答作出铺垫。

（3）感叹或感叹之余需作停顿。感叹之余，紧接着运用心理停顿，以加深听众的印象，引起听众的共鸣。

（4）话题转移或告一段落之际需作停顿。这是为了让听众将已讲完的话题暂时搁下，作好迎接新话题、新内容的心理准备。

（五）把握语调的技巧

语调是语音、语气、速度、节奏的和谐统一，它好比乐曲的旋律一样，体现出语言的完美性。

由于语调的变化主要反映在速度、节奏、重音、升降这四个要素上，其中重音及升降尚未论及，下面对关系语调变化的这两个要素的运用技巧做些介绍。

1. 重音技巧

这里所说的重音，是指根据表情达意的需要，有意加重音量与力度的某个或某些词。人们说话时，往往把主要的意思加重语气来表达，以引起听众的注意。重读的部分就是一句话里的中心和主体。

汉语中的重音有词语重音、语句重音以及逻辑重音等。

词语重音是比较固定的、有规律的。就读音轻重程度可分为重、中、轻三个等级。两个字的词语有“重轻”格式，如“招呼”“玻璃”“合同”“官司”等，还有“中重”格式，如“改革”“红旗”“人民”等；三个字的词语中有“中轻重”格式，如“北京站”“辅导员”“文化宫”“国务院”等；还有“中重轻”格式，如“照镜子”“同志们”；四个字的词语，其基本格式是“中轻中重”，如“自力更生”“天经地义”“刻苦钻研”等。

语句重音，常用的是语法重音。它是指句子中不同的语法成分读音轻重不一，其中有的句子成分要读得重些。比如，谓语一般要比主语读得重些，举例来说：“同志们辛苦了！”中的“辛苦”；“中华人民共和国成立了！”中的“成立”；“让我们一起干一杯！”中的“干”等。

此外还有逻辑重音，又称作强调重音，是根据说话的目的和重点，有意将某些词或词组读得重些。如“香港一定会回归祖国”中的“回归”；“我自豪，我是一个军人的妻子”中的“军人”。同一句话，重音不同，意思也就有所不同。比如，“我请你喝茅台酒”，如果重音是“你”，那是强调请客的对象；如果重音是“茅台酒”，则强调的是喝的东西；如果重音是“我”，那是强调请客的主人。

重音的处理关键在于选择好重音词，一般是选在朗诵者着意强调，以示区别之处。

应当注意的是，重音切忌过多，一是过多显示不了孰轻孰重，二是会造成朗读者与听众双方的疲劳。

2. 升降技巧

语调的升降,是指语调的高低抑扬变化。同一语句,往往因为语调升降处理不一样,而能表达出多种多样的意思。例如:

这事少了你不行!↘(降调,态度恳切、真诚)

这事少了你不行?↗(升调,反诘语气、态度存疑)

这事少了你不行?(曲调,讽刺挖苦语气)

由此可以看出,语调的升降变化,在句末较为明显。

语调可分为四种:高升调、降抑调、平直调和曲折调。

(1)高升调:句子的语势由低到高。一般表示惊讶、疑问,反诘、呼唤、号召等。如:

近来你的学习成绩怎么下降了!

全世界无产阶级联合起来!

(2)降抑调:句子的语势由高到低。一般表示肯定、感叹、恳求、自信、祝愿等。如:

我们的理想一定能实现。

请你帮我解决这个问题吧。

(3)平直调:整个句子语势平稳舒展,没有明显的高低变化。一般用于陈述、说明、解释,表示严肃、庄重、平静、冷漠、悼念等。如:

我们面临着严峻的考验。

毛泽东永远活在我们心中。

(4)曲折调:句子的语势曲折变化,有起有伏。一般用来表示夸张、讽刺、幽默等。如:

她太可爱了,连哭鼻子的样子也招人喜欢。

好个国民党的友邦人士!是些什么东西!

【朗读练习】

练习一

《野草》

有这样一个故事。

有人问:世界上什么东西的气力最大?回答纷纭得很,有的说“象”,有的说“狮”,有人开玩笑似的说:是“金刚”,金刚有多少气力,当然大家全不知道。

结果,这一切答案完全不对,世界上气力最大的,是植物的种子。一粒种子所可以显现出来的力,简直是超越一切。

人的头盖骨,结合得非常致密与坚固,生理学家和解剖学者用尽了一切的方法,要把它完整地分出来,都没有这种力气。后来忽然有人发明了一个方法,就是把一些植物的种子放在要剖析的头盖骨里,给它以温度与湿度,使它发芽。一发芽,这些种子便以可怕的力量,将一切机械力所不能分开的骨骼,完整地分开了。植物种子的力量之大，如此如此。

这，也许特殊了一点儿，常人不容易理解。那么，你看见过笋的成长吗？你看见过被压在瓦砾和石块下面的一棵小草的生长吗？它为着向往阳光，为着达成它的生之意志，不管上面的石块如何重，石与石之间如何狭，它必定要曲曲折折地，但是顽强不屈地透到地面上来。它的根往土壤钻，它的芽往地面挺，这是一种不可抗拒的力，阻止它的石块，结果也被它掀翻，一粒种子的力量之大如 // 此如此。

没有一个人将小草叫作“大力士”，但是它的力量之大，的确是世界无比。这种力，是一般人看不见的生命力。只要生命存在，这种力就要显现。上面的石块，丝毫不足以阻挡。因为它是一种“长期抗战”的力；有弹性，能屈能伸的力；有韧性，不达目的不止的力。

——节选自夏衍《野草》

练习二

《我为什么当教师》

我为什么非要教书不可？是因为我喜欢当教师的时间安排表和生活节奏。七、八、九 3 个月给我提供了进行回顾、研究、写作的良机，并将三者有机融合，而善于回顾、研究和总结正是优秀教师素质中不可缺少的成分。

干这行给了我多种多样的“甘泉”去品尝，找优秀的书籍去研读，到“象牙塔”和实际世界里去发现。教学工作给我提供了继续学习的时间保证，以及多种途径、机遇和挑战。

然而，我爱这一行的真正原因，是爱我的学生。学生们在我的眼前成长、变化。当教师意味着亲历“创造”过程的发生——恰似亲手赋予一团泥土以生命，没有什么比目睹它开始呼吸更激动人心的了。

权利我也有了：我有权利去启发诱导，去激发智慧的火花，去问费心思考的问题，去赞扬回答的尝试，去推荐书籍，去指点迷津。还有什么别的权利能与之相比呢？

而且，教书还给我金钱和权利之外的东西，那就是爱心。不仅有对学生的爱，对书籍的爱，对知识的爱，还有教师才能感受到的对“特别”学生的爱。这些学生，有如冥顽不灵的泥块，由于接受了老师的炽爱才勃发了生机。

所以，我爱教书，还因为，在那些勃发生机的“特别”学 // 生身上，我有时发现自己和他们呼吸相通，忧乐与共。

——节选自 [美] 彼得·基·贝得勒《我为什么当教师》

第八章　命题说话测试要领

一、命题说话测试概况

计算机辅助测试系统下的普通话水平测试中第四题为命题说话，该题限时3分钟，共40分。命题说话是根据《普通话水平测试大纲》所规定的说话题目检测应试人在无文字凭借的情况下的普通话口语表达能力，重点考查语音标准程度、词汇语法规范程度和自然流畅程度，更注重即兴说话的内容范围。

（一）测试要求

应试人在两个题目中任选一个题目进行准备和应考。命题说话的题目规定了三类30个话题范围，并不规定话题的具体内容，测试过程中出现无效话语、雷同、离题、背稿均按程度扣分，且必须说满3分钟，时间结束，系统自动提交。

（二）分值构成及评分要求

1. 语音标准程度

共25分。分六档：

一档：语音标准，或极少有失误，扣0分、1分、2分；

二档：语音错误在10次以下，有方音但不明显，扣3分、4分；

三档：语音错误在10次以下，但方音比较明显，或语音错误在10~15次之间，有方音但不明显，扣5分、6分；

四档：语音错误在10~15次之间，方音比较明显，扣7分、8分；

五档：语音错误超过15次，方音明显，扣9分、10分、11分；

六档：语音错误多，方音重，扣12分、13分、14分。

2. 词汇语法规范程度

共10分。分三档：

一档：词汇、语法规范，扣0分；

二档：词汇、语法偶有不规范的情况，扣1分、2分；

三档：词汇、语法屡有不规范的情况，扣3分、4分。

3. 自然流畅程度

共5分。分三档：

一档：语言自然流畅，扣0分；

二档：语言基本流畅，口语化较差，有背稿子的表现，扣0.5分、1分；

三档：语言不连贯，语调生硬，扣2分、3分。

二、命题说话扣分点分析

在计算机辅助测试的命题说话一项，实际的扣分项多达7项，包括语音、词汇与语法、自然流畅、缺时、离题、雷同、无效话语等。

（一）语音标准程度扣分

3分钟内所有与说话题相关的音节均为评分依据。说话考查的是3分钟时间内出错的量，纠正错误用的依然是测试时间，即使改正了，前边的错依然算错；如果改错了，错误累计。同一内容反复出错，按出现次数累计，如“是”说错10次，算10个错误，“比较”说错6次，算12个错误。

（二）词汇语法规范程度扣分

在说话中，不用方言词汇，不用不规范语法。如把“上面”说成“高底”，“很好”说成“贼好”便是带有方言色彩的词汇，诸此种种，根据出现的频次来分档扣分；在说话中，语序颠倒、搭配不当等造成逻辑上的模糊或产生歧义的，根据出现频次视程度予以相应扣分。如把“我小时候，外婆对我很好”误说成“我外婆小时候对我很好”，把“我在班上担任班长”误说成“我在班上担任班长的职责”，把“我买了一支英雄牌钢笔”误说成“我买了一支钢笔牌英雄”等，均属于扣分范畴。

（三）自然流畅程度扣分

在说话中，完全采取口语语体，避免机械地念诵书面稿式的话语。明显背稿的要扣分，如背诵整段歌词、古诗、语录、文章，大段复述故事，不自然的语调（播音腔、诵读腔、表演腔、一字一顿腔、磕磕巴巴等腔调）也要扣分。

（四）缺时扣分

有些应试者一开口说几句话，无论是语音标准程度、词汇语法程度还是自然流畅程度都不错，呈现出标准流利的普通话走势，但由于应试者说话时间不足，很可惜地被扣很多分，导致总分直接从高等次跌落到低等次。该题说话时间超过30秒才会有得分（少于30秒，含30秒，本题为0分），但即使说够30秒后，说得少，停得多，导致时间不足也是常有的情况。实际上，在给应试者判分的环节，往往会按每缺10秒扣0.5分累计扣，到2分50秒后，缺几秒可视作说满3分钟。

（五）离题扣分

离题指所说内容与规定的话题无关。如将“我喜欢的节日”看成“我喜欢的节目”一直说下去，就离题了。也千万不要采取以不变应万变的方法，如无论什么题目，都将诸如“西红柿炒鸡蛋”的内容套进去，与主题在逻辑上有些偏离。另外，也不要自言自语地说与所论主题毫不相关的废话，如“哎呀，怎么时间还没到呀，好无聊呀，我该说点什么好呢，哎呀，还有 30 秒钟，我该说点什么好呢 ......”离题将会根据情况扣 4~6 分。被扣了离题分，基本上就达不到想要的等级了。

（六）雷同扣分

雷同指所说内容与已有内容相同或大体相同。如与普通话水平测试朗读篇目相同，扣 6 分。

与前面考生内容一样、与《指导用书》范例一样、与著名文学作品一样、与网络下载内容一样，时间未到，又说一遍或几遍，上述情况均会被视为雷同。雷同将会根据情况扣 4~6 分。被扣了雷同分，也基本上就达不到想要的等级了。

（七）无效话语扣分

无效话语指无法根据其评分的部分。如反复说或简单重复同一句话，像“今天我要说话的题目是《我尊敬的人》，今天我要说话的题目是《我尊敬的人》……”“爸爸很爱我，我很尊敬他，爸爸很爱我，我很尊敬他……”如此复读机般地循环下；或者支支吾吾，通过咳嗽等拖延时间，频密使用口头禅，数数（如“我特别喜欢打篮球，我经常拍皮球，我会拍一下、两下、三下……五十下”）等，均视作无效话语。无效话语扣分：一分钟以内，扣 1~3 分；一分钟以上，扣 4~6 分；有效话题少于 30 秒，扣 40 分。

三、命题说话应注意的事项

命题说话相对于普通化水平测试的前三题而言，既能综合性地体现应试者在平时训练或说话习惯基础上的水平，同时也容易暴露因训练或习惯养成不好而形成的一些缺陷、弱点等。应试者需要注意以下几个方面。

第一，消除认知上的误区。

测试说话的目的是测查考生随机表达的普通话水平，不是口头作文，不要去一味追求语言的辞藻华丽，所表达内容也不要受到过多限制，在三分钟之内做到紧扣命题，取材典型，详略得当，首尾呼应。更不用担心时间问题，毕竟计算机上有说话时间提示，快到三分钟时结语即可。

第二，认准一个话题。

要果断选定自己熟悉且构思过的说话题，一旦确定就耐心准备下去，切不可犹豫不决或半途而废,那样只会使自己思绪混乱、平添烦躁心情。

第三,自然连贯说下去。

从最熟悉的事情入手尽量叙事,少发议论,增加细节,滔滔不绝地往下说。不要投入太多真情,以免哽咽说不下去。在实际的测试中,可能要说的话还没说完,时间就到了,也许要说的话已经说完了,时间还没到。遇到后者,要随机应变,可接着前面的话头往下发挥,如说说前面那段故事给我留下的感想、看法等。当然,在准备的时候,应该多考虑一些具体的说话内容,机动备用。

第四,把自己融入说话语境中,在娓娓道来中控制好紧张情绪。

普通话水平测试中的说话是即兴表达,要求现想现说,边说边调整语境。那些过分依赖书面原稿的应试者不仅口语化极差,而且稍有紧张就容易卡壳,有的人忘了词,数秒甚至数十秒说不出声音来,大脑一片空白,录音也一片空白,扣分自是情理之中的事。不背稿不等于不做测前准备了,问题在于要准备的不是文章,而是说话的基本素材和主要脉络。有了“言之有物”“言之有序”方能做到“言之有理”“言之有情”。要说什么心里有底,而且整体思路清晰,测试时自然也就胆大心细,遇事不慌。

第五,避免话语无度。

尽管命题说话表达的内容没有设限,但所论话题毕竟是严肃的,因此,说话的内容尽量体现健康有为、积极向上、生动活泼、务实接地、情感充沛等正向价值的内容,杜绝低俗、庸俗、恶俗、反动等负向价值的内容。

四、命题说话训练与示范

(一)命题说话题目与分类

普通话水平测试说话项共30个话题:

(1)我的愿望(或理想)

(2)我的学习生活

(3)我尊敬的人

(4)我喜爱的动物(或植物)

(5)童年的记忆

(6)我喜爱的职业

(7)难忘的旅行

(8)我的朋友

(9)我喜爱的文学(或其他)艺术形式

(10)谈谈卫生与健康

(11)我的业余生活

(12)我喜欢的季节(或天气)

(13)学习普通话的体会

(14)谈谈服饰

(15)我的假日生活

(16)我的成长之路

(17)谈谈科技发展与社会生活

(18)我知道的风俗

(19)我和体育

(20)我的家乡(或熟悉的地方)

(21)谈谈美食

(22)我喜欢的节日

(23)我所在的集体(学校、机关、公司等)

(24)谈谈社会公德(或职业道德)

(25)谈谈个人修养

(26)我喜欢的明星(或其他知名人士)

(27)我喜爱的书刊

(28)谈谈对环境保护的认识

(29)我向往的地方

(30)购物(消费)的感受

上述30个题目,总体上可以归结为三大类话题:

第一类:记叙类——讲述人物和事件

——我尊敬的人

——我的朋友

——我喜欢的明星(或其他知名人士)

上述三个话题,涉及人物的外貌、语言、行为等方面的特征,以及能够反映人物特征的事情。

——我的学习生活

——童年的记忆

——难忘的旅行

——我的业余生活

——我的假日生活

——我的成长之路

——我和体育

——我的家乡(或熟悉的地方)

——我所在的集体(学校、机关、公司等)

——我向往的地方

上述十个话题,包含六要素:时间、地点、人物、原因、经过、结果。

第二类:议论类——分析社会生活中的某件事或某个问题

——谈谈卫生与健康
——学习普通话的体会
——谈谈科技发展与社会生活
——谈谈社会公德(或职业道德)
——谈谈个人修养
——谈谈对环境保护的认识
——购物(消费)的感受

上述七个话题包含三要素:论点、论据、论证。

第三类:说明类——解说事物,阐明事理,使人了解有关事物和事理

——我的愿望(或理想)
——我喜爱的动物(或植物)
——我喜爱的职业
——我喜爱的文学(或其他)艺术形式
——我喜欢的季节(或天气)
——谈谈服饰
——我知道的风俗
——谈谈美食
——我喜欢的节日
——我喜爱的书刊

上述十个话题包含三要素:是什么、为什么、怎么样。

(二)命题说话内容基本思路要点举例

第一类:记叙类。

我尊敬的人——你尊敬的人是谁,他(她)是什么样的人(外貌、性格、语言、行为),为什么尊敬他,哪些方面让你尊敬(讲述一到二件事)你是如何尊敬他的。可以举爸爸、妈妈、爷爷、奶奶、外公、外婆、同学、同事、朋友、古今中外名人等。

难忘的旅行——旅行的目的地,旅行前的心情,旅行的方式(跟团旅游,散客旅游,自驾游),同行的伙伴,旅行中的吃住行游,着重讲述此次旅行中让你难忘之处,最后,加上自己的情感抒发,突出难忘。

第二类:议论类。

谈谈卫生与健康——首先强调讲究卫生对于健康的重要性,不讲卫生对人身体会造成的危害,然后,分别论证,讲究个人卫生,养成良好的卫生习惯有利于身体健康;不讲究卫生危害身体健康,并进一步论证个人是否讲究卫生,还会影响到他人的健康,如吸烟、随地吐痰、乱扔垃圾等,举具体例子证明自己的观点。

学习普通话的体会——首先强调学习普通话的重要性,其次提出学习普通话学习过程中的快乐与痛苦、艰辛与成就、科学方法与训练误区,最后举例论证阐释观点。

第三类:说明类。

我喜欢的文学或其他艺术形式——说明型话题，可以列举小说、诗歌、散文、歌曲、舞蹈、影视等文艺门类。以小说为例，从爱读的一部小说说起，然后介绍小说的内容、特点，并说明爱读的原因以及读小说的实际感受。总之，把小说这一艺术形式的特点说明清楚，就达到了目的。

谈谈美食——谈谈你喜欢的美食有哪些，然后选择一种美食进行介绍（如冷吃兔），谈谈你和这种美食之间的渊源，并从食材、调料与工具准备、烹制或炒作手法详细介绍这种美食的制作过程（可以是看到的，也可以是自己的经历），最后谈谈品味美食的感觉与体会以及这道美食受欢迎与喜爱的程度等。

（三）命题说话内容示范案例参考

我尊敬的人

说起我尊敬的人，我要说的是我哥哥。

我哥哥今年21岁，正在读大学，他个子高高的，身材瘦瘦的，戴着一副眼镜，给人一种很斯文的样子。

我哥哥学习成绩非常好，在他读初中的时候就经常拿到班级的第一名，他还考上了镇上的重点高中。在高中时期，他的学习成绩也非常好。我记得有一次他在期末考试时数学考了148分，英语考了136分，语文也拿到了120分，理综更是拿到了满分的成绩，获得了他们年级的第一名。他的班主任也夸他，说他是一个非常爱学习的好孩子，非常热心肠，喜欢帮助班级里需要帮助的人。我哥哥除了学习成绩非常好外，在体育方面也特别优秀，体育成绩都是满分。他特别喜欢打篮球，在校运动会上还获得过班级团体篮球的第一名，

我哥哥还是一个爱护弟弟的人。他小时候经常带我出去玩。有一次，我们去爬山，我看见有人在卖风筝，非常想要，他便毫不犹豫地就给我买了一个，然后我们就在山上的平地放风筝。那天风很大，风筝飞得很高，我们玩得非常开心。他还经常给我买好吃的，不管我想要吃什么，他都会给我买。

这就是我的哥哥，一个令我非常尊敬的人。

我的朋友

人的一生中会有许多许多的关系，如朋友关系、家人关系、爱人关系，我觉得最珍贵的是朋友关系。朋友像高山流水，也像百花盛开，他给你带来的可以是清凉的风，也可以是温柔的雨。

我有一个非常要好的朋友，她在初中的时候和我形影不离。她有着长长的睫毛、圆圆的脸蛋、披肩的长发，身上带着玫瑰清香，非常漂亮。

她教会我许多东西，会在我伤心的时候和我一起分担忧愁，会在我开心的时候陪我一起高兴。我记得我们的兴趣爱好都是读书，之前在初中的时候，我们都喜欢在图书馆看书学习，所以我们有很多可以互相讨论的话题。我和她现在还有联系，即使我们不在一个学校，不在一个地方了，但是我们的心永远都在一起。我和她每次见面都有说不完的话，她会告诉我她的日常生活，我也会分享我的生活。我们永远都是好朋友。

我还有一个朋友，她是我在大学里认识的。她虽然没有第一个朋友那样漂亮，但是却有着非常自信的气质。她很会照顾我的感受，会关心我平时的身体健康，还会给予我学业上的帮助。

我觉得朋友不仅仅给我们带来精神上的满足，更会给我们带来无穷的财富。朋友和知识一样，都是生命中不可替代的精神食粮。回头看看我的过往，即使有时我过得很曲折，但是一想到我的朋友，我的心里总是暖暖的。

我喜欢的明星（或其他知名人士）

我从初中的时候接触了篮球，然后我就喜欢上了一位篮球明星，他就是著名的篮球运动员科比·布莱恩特。

我之所以喜欢他，是因为他身上有着一股不服输的精神，还有非常高超的技术。他在职业生涯里面总共获得了 5 次总冠军。他在比赛的时候从来都是全神贯注的。他给我留下印象最深的一场比赛，就是他在比赛的时候手指脱臼，但是他并没有要求下场，执着要在场上。他直接把他的手指扳了回去，然后又继续上场比赛。

还有一次，他跟腱断裂，医护人员都叫他不要再回到场上比赛了，但是他坚持要上场比赛。因为是对手犯规导致他受伤，所以他有两次罚球的机会。他忍着跟腱断裂的疼痛去罚球，这两个罚球都稳稳命中了。所以这样的篮球运动员怎么不值得我们去爱呢？

他不仅仅在场上受到球迷的喜欢，在场下也是如此。他早上 4：00 就起来训练，还有一句话很出名：“你见过凌晨 4 点的洛杉矶吗？”他还有一句很著名的话：“所有人都能赢，那个人为什么不能是我呢？”虽然他现在已经去世了，但是他的这些精神永远在我们的身边陪伴着我们。

这就是我喜欢的明星，他叫科比·布莱恩特！

我的假日生活

今天，我要谈谈我的假日，也就是我暑假的生活。

今年这个暑假异常漫长，所以我在暑假这段时间里干了非常多的事情。和朋友聊天、喝茶，吃自己喜欢的零食，去吃我想了好久都没吃成的那家小巷里的面，还有那家我想了好久都没有吃上的传统火锅，吃那家我想了好久都没有吃上的叶儿粑粑。

我回到家中，父母的照顾让我非常感动。因为我在宿舍都是自己一人生活，自己照顾自己，而回到了家，父母对我无微不至的照顾，让我终于明白了父母那辛苦的心。

暑假期间我还练习车技，也就是考驾照。考驾照不是一件非常容易的事情，我会每天抽出三四个小时到驾校去练习。驾校里面人非常多，有很多大学生，有大一的、大二的，大家都在排队挤时间争相练习。我在这里结交了许多朋友，也学习到了很多朋友交往的经验。这样说吧，考驾照也丰富了我的假期生活。

我的假日过得非常充实，我非常喜欢我的假日，朋友的关心和家人的照顾都让我感到非常欣慰。

我的成长之路

我出生在一个比较偏远的农村，是那种出门便能看见绿油油的田坎的农村。我的小学是在农村上的，你要知道，农村学校的教育是远远比不上城里的教育的，所以我的成长之路就显得曲折而艰难。

我记得当时我在班级名列前茅，小学毕业后，因父母打工的原因，就跟着父母去了城里读书。那时候初中刚入学，在那一次入学考试中，我的成绩在班级排名是倒数第七。班主任对我特别严厉。那时候我也比较调皮，总是在班级上惹是生非。后来班主任找到了我的父母，让他们给我一些资料，供我学习，提高我的成绩。后来我慢慢走上了正轨，开始努力学习，奋发图强。最后，我中考取得了优异的成绩，在班级名列第一。初中三年从倒数第七到第一名，这是我的成长之路上一个非常了不起的进步。

上高中后，我更坚定了心中的理想信念，奋发努力地学习，努力完成老师布置的每一道题，搞懂每一个错题，慢慢地我的成绩又有了很大的提升。

因考进了年级前20名，我也从年级的差班进入了“火箭”班，但此时的我又开始有了一些松懈的念头，慢慢地我开始变得不爱学习，还认为自己属于很有天分、很有天赋的那种学生。

后来在高三的最后一年，我认识到自己行为上的错误，我开始纠正自己，努力学习。我每天晚上12：00睡，早上6：30起床背书，最终也是以一个比较好的状态参加了高考，发挥得比较理想，进入了一所比较好的大学。

这就是我这十多年的经历，虽然看似普通，但是见证了我一路的逐渐成长。

我所在的集体（学校、机关、公司等）

今天我要谈的我所在的集体是我现在就读的一所学校。

我所在的学校位于四川省宜宾市的四川轻化工大学宜宾校区。这里环境优美、景色宜人。我是自动化与信息工程学院的电气工程及其自动化专业的一名普通学生，我来到这个学校已经一年多了，每次来到学校里面都感觉到学校的环境很优美。而且我们学校拥有三个食堂，每个食堂的饭菜都很好吃，而且很便宜。

我们学校还有两个操场，还有很多个网球场、羽毛球场、篮球场以及排球场等，但我最喜欢的运动是踢足球。我经常和我们学院的一些学长们一起踢足球，非常享受在操场上奔跑追逐的感觉。

在学校操场上，经常会见到跑步的学生，他们看起来十分有青春活力。

我们学校所在的校区也叫中国白酒学院，办有特色的酿酒工程专业，这是全国为数不多的酿酒专业。我们学校所在的这个校区虽然有2万多人，但是学校里面却看不到一丝拥挤，就连食堂和教室也是非常整洁。我们学校的学生宿舍还有自动洗衣机，在冬天的时候我们都不用自己手洗厚重的衣服。学校教学楼和宿舍还配了电梯，使得我们出行非常方便。不过我们学校的占地面积有2 000多亩，可能比较大了些，所以在学校里面走起路来也是比较费时间的。

我们学校的学生非常爱学习，特别是在图书馆，经常座无虚席，预习的、复习的、做作业的、讨论的、准备考研的，也许作为一所地方本科学校的学生，学生们都希望自己将来有更好的工作与出路。总之，大家都很努力。

这就是我所在的学校，一所我非常喜爱的学校。

我向往的地方

今天我要给大家讲讲我向往的地方。

那么，什么叫作向往的地方呢？对于我们每一个个体而言，所谓向往的地方就是指我们心之所向、行之所向，我们梦寐以求和魂牵梦绕的地方，在这个地方可能有我们的青春，可能有我们的梦想，也可能有我们的遗憾。

我向往的地方是重庆。为什么说重庆是我向往的地方呢？主要有以下几个原因。

第一个原因，重庆是一个有包容性的城市。为什么说它有包容性呢？你看，重庆有3 000多万人，人民其乐融融，相处得十分融洽。而重庆所带给我们的不仅仅是火锅和其他超级多的地方特色美食，重庆带给我们更多的是一种人文情怀，而这种情怀更多地体现为一种精神，即“行千里、致广大”。

第二个原因是我在重庆生活了十年，这里承载着我的青春，承载着我的梦想。我在西南政法大学从本科念到硕士再到博士，我在这里整整度过了10年，西政是重庆的一个缩影，它承载着自强不息、和衷共济以及家国情怀等精神，而这些精神不断地浸润和感染着我，这是我向往重庆的第二个原因。

那么第三个原因呢，就是在重庆，我有很多朋友，我与这些朋友相处十多年了，这十多年我们一起仰望过星空，也脚踏实地地为我们曾经认定的目标而奋斗，为肯定自我而付出，我们不断培养自己的能力，不断涵养自己的情怀。

这就是我向往的地方——重庆！

谈谈科技发展与社会生活

随着科技的发展，社会越来越进步，人们的生活变得越来越好。

在过去尤其是那些长期在外打工而久居不能回家的人们，他们只能用书信与自己的家人朋友进行联系，而现在有了手机的帮助，他们可以与他们进行语音通话，还可以视频通话，短信、微信、QQ等都可以帮助他们与家人联系，极大地减少了他们对家人的思念之情，让双方都能够见到自己想要见到的人。再比如，如今人们可以在自己的岗位上用电脑来工作，在过去也许他们得通过自己的双手去创造一些东西，而现在只需要电脑的几步，便可以快速地做完自己的工作。

现在很多事情都是由电脑人工化、智能化来帮助完成的。再比如过去我们都是手洗衣物，但是现在我们不仅可以用洗衣机，减少我们手洗的烦恼，还可以用它来烘干，极大地解决了我们久久不能使衣物干燥的烦恼。所以科技的发展与我们现在越来越好的生活息息相关。

未来我们将更加注重科技的发展，每一个人都应该做到与科技结合，学会如何使用科技，这样我们每个人的生活都能变得越来越好。

那么，如何运用科技呢？这个问题值得我们去思考。

或者说，科技能够给我们带来什么好处呢？具体总结起来，就是科技可以使我们的生活变得越来越方便，科技能使我们的烦恼越来越少，科技使我们的国家越来越强大。

我的愿望（或理想）

我有很多理想，我最大的理想是当一名农学家。

我为什么要当农学家呢？因为在春天的花园里，农学家将种子播下去，等待种子从泥土中出来，1 秒、2 秒、3 秒、4 秒，种子都络绎不绝地出土了，它们慢慢生长出叶子来，杂草也长出来了。它们随着季节的变化可以不停地把叶子生长开来，后边会长出绿色的叶子、黄色的花，五颜六色，各不相同。

作为一名了不起的农学家，可以研究不同的种子，为人民生活提供必要的粮食、蔬菜、水果以及各种美味的食物，作为农学家可以为人民提供和改善生命健康的各种营养食品。

同时作为农学家，可以通过研究不同种子的发育状况，来筛选不同的性状优良的品种。这些品种可以通过传统杂交和分子育种杂交等方式来实现新品种的选育。

我的理想是做个农学家，因为农学家可以为人们的生命健康和营养改善提供一些必要的新的技术和方法，也可以通过农医学、现代分子生物学、生物化学、物理化学、气象科学等综合分析获得一个高产的品种，这些高产的品种可以帮助我们从中获得必要的营养。

这就是我当农学家的理想，我希望通过我不懈的努力与奋斗，早日实现这个造福人类的理想。

我喜欢的季节（或天气）

我喜欢的季节是冬天。

在南方，冬天非常寒冷，但是没有下雪。我喜欢北方的冬天，因为北方的冬天可以下雪，北方的孩子们可以在户外堆雪人，但是在南方就体验不到。

南方的冬天是寒冷的、湿冷的，但是北方的冬天是干燥的，冬天不会那么让人难受。干燥的冬天有许多好处，比如说出去玩，眼睫毛上不会有水雾。北方的冬天可以堆雪人，可以堆自己想玩的、喜欢的、想要的，可以满足自己所有的幻想。但是南方的冬天就只有下雨，下雨只是湿冷，会让人感到更加寒冷。因为我身在南方，所以说我更向往北方的冬天。

实际上，我从小就想堆雪人，但是到现在为止都还没有堆过雪人，我就一直想着去体验北方的冬天，去堆雪人，去冰上溜冰，在冰上肆意地跳舞、肆意地玩耍。不过南方的冬天到了过节的时候也很快乐，我们可以在冬天买烟花、放烟花，与朋友家人们一起玩耍，增添了过年的氛围。

北方的冬天到了，但我还没有去过北方，就不知道北方的冬天是怎么样了。羡慕北方，是因为北方的冬天有雪人，比如说在哈尔滨可以看冰雕，他们特意取冰到哈尔滨广场去建冰雕塑。那些冰通过人工的改造雕刻之后就变成了一件件艺术品。

这大概就是我喜欢冬天的缘故吧。

谈谈美食

中华民族有许多美食，从南到北，从东到西，然而我最喜欢的是四川的美食，俗称川菜。

我们了解到四川的菜品各类非常非常多,鲜香、麻辣是描写它的特征时所用的形容词,火锅更是川菜里的经典。

川菜里有一道经典的菜叫作回锅肉,是通过将五花肉蒸好煮熟,然后再将其切开,切成片,加入锅中炒,所以要经过两道工序,一是蒸,二是炒,所以叫回锅肉。回锅肉的肉质鲜美,加上豆瓣,特别是郫县豆瓣,即我们所俗称的豆瓣酱,加进去之后就会有独特的味道,它肥而不腻,非常香。再加之其他的菜,比如白菜、韭菜、辣椒也都是非常香的,里面的豆瓣也为其增添了非常多鲜美的味道。

其次是干锅。干锅有干锅兔、干锅鸭、干锅蛙、干锅鸡,就相当于大乱炖。里面加了土豆、茄子,然后再将菜倒入锅中炒,再将肉再炒一遍,这样的干锅,没有什么汤汁,但是却有独特的香味。

我喜欢的川菜美食里面,还有一道菜是冒菜。冒菜是川菜之魂,里面可以加非常非常多种的肉类、菜类,非常好吃,希望你也能体验一次。

我非常喜欢吃川菜。希望你们也来四川,多多品尝这里的美食哟。

我喜欢的节日

我喜欢的节日有许多,如春节、国庆节、元旦节、元宵节等。这些节日每次都让我印象深刻,但其中最让我难忘的是春节。因为每年到了这个时间,原本冷冷清清的家里都涌进了很多人,所有在外面打工的人都回到了家中,每每到这个时候真是热闹啊！这样想着,我看见了正在来我家路上的许多人,那些许久不见的亲朋好友都走街串巷地来到了我的家门前。

许多许多人都回来了,在我们的院子里面喝酒吃肉,畅谈这一年里发生了些什么。在这些日子里我们是欢快的,一起喝酒吃肉,大快朵颐。在春节过后,我们都怀着不舍的心情各奔东西,期待着来年的回归。

这个时候,我们总是不由自主地想象下一次过年的场景。在下一次过年,我们总是会怀着这样那样的心情,保持着我们的热情来迎接一年来劳累奔波的亲朋好友。他们每次回来都会带着满满的年货,把家里点缀得更加丰富多彩。

每每这样我们都会高高兴兴地、团团圆圆地一起在家里吃一顿丰盛的年夜饭。我们已经为了吃这顿团圆饭等了一整年,之后我们都会各自奔波在新的一年里,又期待着一年又一年的轮回。

这或许就是咱们中国人过春节的意义吧。

附录1　普通话水平测试朗读篇目

作品1号　节选自茅盾《白杨礼赞》

那是力争上游的一种树，笔直的干，笔直的枝。它的干呢，通常是丈把高，像是加以人工似的，一丈以内，绝无旁枝；它所有的丫枝呢，一律向上，而且紧紧靠拢，也像是加以人工似的，成为一束，绝无横斜逸出；它的宽大的叶子也是片片向上，几乎没有斜生的，更不用说倒垂了；它的皮，光滑而有银色的晕圈，微微泛出淡青色。这是虽在北方的风雪的压迫下却保持着倔强挺立的一种树！

哪怕只有碗来粗细罢，它却努力向上发展，高到丈许，两丈，参天耸立，不折不挠，对抗着西北风。这就是白杨树，西北极普通的一种树，然而绝不是平凡的树！它没有婆娑的姿态，没有屈曲盘旋的虬枝，也许你要说它不美丽，——如果美是专指“婆娑”或“横斜逸出”之类而言，那么，白杨树算不得树中的好女子；但是它却是伟岸，正直，朴质，严肃，也不缺乏温和，更不用提它的坚强不屈与挺拔，它是树中的伟丈夫！

当你在积雪初融的高原上走过，看见平坦的大地上傲然挺立这么一株或一排白杨树，难道你就只觉得树只是树，难道你就不想到它的朴质，严肃，坚强不屈，至少也象征了北方的农民；难道你竟一点儿也不联想到，在敌后的广大土地上，到处有坚强不屈，就像这白杨树一样傲然挺立地守卫他们家乡的哨兵！难道你又不更远一点想到这样枝枝叶叶靠紧团结，力求上进的白杨树，宛然象征了今天在华北平原纵横决荡用血写出新中国历史的那种精神和意志。

作品2号　节选自张健鹏，胡足青主编《故事时代》中《差别》

两个同龄的年轻人同时受雇于一家店铺，并且拿同样的薪水。可是一段时间后，叫阿诺德的那个小伙子青云直上，而那个叫布鲁诺的小伙子却仍在原地踏步。布鲁诺很不满意老板的不公正待遇。终于有一天他到老板那儿发牢骚了。老板一边耐心地听着他的抱怨，一边在心里盘算着怎样向他解释清楚他和阿诺德之间的差别。“布鲁诺先生，”老板开口说话了，“您现在到集市上去一下，看看今天早上有什么卖的。”布鲁诺从集市上回来向老板汇报说，今早集市上只有一个农民拉了一车土豆在卖。“有多少？”老板问。布鲁诺赶快戴上帽子又跑到街上，然后回来告诉老板一共四十袋土豆。“价格是多少？”布鲁诺又第三次跑到集上问来了价格。“好吧，”老板对他说，“现在请您坐到这把椅子上一句话也不要说，看看阿诺德怎么说。”

阿诺德很快就从集市上回来了。向老板汇报说到现在为止只有一个农民在卖土豆，一共四十口袋，价格是多少；土豆质量很不错，他带回来一个让老板看看。这个农民一个钟头以后还会弄来几箱西红柿，据他看价格非常公道。昨天他们铺子的西红柿卖得很快，库存已经不多了。他想这么便宜的西红柿，老板肯定会要进一些的，所以他不仅带回了一个西红柿做样品，而且把那个农民也带来了，他现在正在外面等回话呢。此时老板转向了布鲁诺，说："现在您肯定知道为什么阿诺德的薪水比您高了吧！"

作品 3 号 节选自贾平凹《丑石》

我常常遗憾我家门前那块丑石：它黑黝黝地卧在那里，牛似的模样；谁也不知道是什么时候留在这里的，谁也不去理会它。只是麦收时节，门前摊了麦子，奶奶总是说：这块丑石，多占地面呀，抽空把它搬走吧。它不像汉白玉那样的细腻，可以刻字雕花，也不像大青石那样的光滑，可以供来浣纱捶布。它静静地卧在那里，院边的槐荫没有庇护它，花儿也不再在它身边生长。荒草便繁衍出来，枝蔓上下，慢慢地，它竟锈上了绿苔，黑斑。我们这些做孩子的，也讨厌起它来，曾合伙要搬走它，但力气又不足；虽时时咒骂它，嫌弃它，也无可奈何，只好任它留在那里了。

终有一日，村子里来了一个天文学家。他在我家门前路过，突然发现了这块石头，眼光立即就拉直了。他再没有离开，就住了下来；以后又来了好些人，都说这是一块陨石，从天上落下来已经有二三百年了，是一件了不起的东西。不久便来了车，小心翼翼地将它运走了。这使我们都很惊奇，这又怪又丑的石头，原来是天上的啊！它补过天，在天上发过热，闪过光，我们的先祖或许仰望过它，它给了他们光明，向往，憧憬；而它落下来了，在污土里，荒草里，一躺就是几百年了！我感到自己的无知，也感到了丑石的伟大，我甚至怨恨它这么多年竟会默默地忍受着这一切！而我又立即深深地感到它那种不屈于误解，寂寞地生存的伟大。

作品 4 号 节选自 [德] 博多·舍费尔《达瑞的故事》，刘志明译

在达瑞八岁的时候，有一天他想去看电影。因为没有钱，他想是向爸妈要钱，还是自己挣钱。最后他选择了后者。他自己调制了一种汽水，向过路的行人出售。可那时正是寒冷的冬天，没有人买，只有两个人例外——他的爸爸和妈妈。他偶然有一个和非常成功的商人谈话的机会。当他对商人讲述了自己的"破产史"后，商人给了他两个重要的建议：一是尝试为别人解决一个难题；二是把精力集中在你知道的，你会的和你拥有的东西上。这两个建议很关键。因为对于一个八岁的孩子而言，他不会做的事情很多。于是他穿过大街小巷，不停地思考：人们会有什么难题，他又如何利用这个机会？

一天，吃早饭时父亲让达瑞去取报纸。美国的送报员总是把报纸从花园篱笆的一个特制的管子里塞进来。假如你想穿着睡衣舒舒服服地吃早饭和看报纸，就必须离开温暖的房间，冒着寒风，到花园去取。虽然路短，但十分麻烦。当达瑞为父亲取报纸的时候，一个主意诞生了。当天他就按响邻居的门铃，对他们说，每个月只需付给他一美元，他就每天早上把报纸塞到他们的房门底下。大多数人都同意了，很快他有了七十多个顾客。一个月后，当他拿到自己赚的钱时，觉得自己简直是飞上了天。很快他又有了新的机会，他让他的顾客每天把垃圾袋放在门前，然后由他早上运到垃圾桶里，每个月加一美元。之后他还想出了许多孩子赚钱的办法，并把它结

集成书，书名为《儿童挣钱的二百五十个主意》。为此，达瑞十二岁时就成了畅销书作家，十五岁有了自己的谈话节目，十七岁就拥有了几百万美元。

作品 5 号 节选自峻青《第一场雪》

这是入冬以来，胶东半岛上第一场雪。雪纷纷扬扬，下得很大。开始还伴着一阵儿小雨，不久就只见大片大片的雪花，从彤云密布的天空中飘落下来。地面上一会儿就白了。冬天的山村，到了夜里就万籁俱寂，只听得雪花簌簌地不断往下落，树木的枯枝被雪压断了，偶尔咯吱一声响。大雪整整下了一夜。今天早晨，天放晴了，太阳出来了。推开门一看，嗬！好大的雪啊！山川，河流，树木，房屋，全都罩上了一层厚厚的雪，万里江山，变成了粉妆玉砌的世界。落光了叶子的柳树上挂满了毛茸茸亮晶晶的银条儿；而那些冬夏常青的松树和柏树上，则挂满了蓬松松沉甸甸的雪球儿。一阵风吹来，树枝轻轻地摇晃，美丽的银条儿和雪球儿簌簌地落下来，玉屑似的雪末儿随风飘扬，映着清晨的阳光，显出一道道五光十色的彩虹。

大街上的积雪足有一尺多深，人踩上去，脚底下发出咯吱咯吱的响声。一群群孩子在雪地里堆雪人，掷雪球儿。那欢乐的叫喊声，把树枝上的雪都震落下来了。俗话说，“瑞雪兆丰年”。这个话有充分的科学根据，并不是一句迷信的成语。寒冬大雪，可以冻死一部分越冬的害虫；融化了的水渗进土层深处，又能供应庄稼生长的需要。我相信这一场十分及时的大雪，一定会促进明年春季作物，尤其是小麦的丰收。有经验的老农把雪比作是“麦子的棉被”。冬天“棉被”盖得越厚，明春麦子就长得越好，所以又有这样一句谚语：“冬天麦盖三层被，来年枕着馒头睡”。我想，这就是人们为什么把及时的大雪称为“瑞雪”的道理吧。

作品 6 号 节选自谢冕《读书人是幸福人》

我常想读书人是世间幸福人，因为他除了拥有现实的世界之外，还拥有另一个更为浩瀚也更为丰富的世界。现实的世界是人人都有的，而后一个世界却为读书人所独有。由此我想，那些失去或不能阅读的人是多么的不幸，他们的丧失是不可补偿的。世间有诸多的不平等，财富的不平等，权力的不平等，而阅读能力的拥有或丧失却体现为精神的不平等。一个人的一生，只能经历自己拥有的那一份喜悦，那一份苦难，也许再加上他亲自闻知的那一些关于自身以外的经历和经验。然而，人们通过阅读，却能进入不同时空的诸多他人的世界。这样，具有阅读能力的人，无形间获得了超越有限生命的无限可能性。

阅读不仅使他多识了草木虫鱼之名，而且可以上溯远古下及未来，饱览存在的与非存在的奇风异俗。更为重要的是，读书加惠于人们的不仅是知识的增广，而且还在于精神的感化与陶冶。人们从读书学做人，从那些往哲先贤以及当代才俊的著述中学得他们的人格。人们从《论语》中学得智慧的思考，从《史记》中学得严肃的历史精神，从《正气歌》中学得人格的刚烈，从马克思学得人世的激情，从鲁迅学得批判精神，从托尔斯泰学得道德的执着。歌德的诗句刻写着睿智的人生，拜伦的诗句呼唤着奋斗的热情。一个读书人，一个有机会拥有超乎个人生命体验的幸运人。

作品 7 号 节选自唐继柳编译《二十美金的价值》

一天，爸爸下班回到家已经很晚了，他很累也有点儿烦，他发现五岁的儿子靠在门旁正等着他。“爸,我可以问您一个问题吗?”“什么问题?”“爸,您一小时可以赚多少钱?”“这与你无关,你为什么问这个问题?”父亲生气地说。“我只是想知道,请告诉我,您一小时赚多少钱?”小孩儿哀求道。“假如你一定要知道的话,我一小时赚二十美金。”“哦,”小孩儿低下了头,接着又说,“爸,可以借我十美金吗?”父亲发怒了:“如果你只是要借钱去买毫无意义的玩具的话,给我回到你的房间睡觉去。好好想想为什么你会那么自私。我每天辛苦工作,没时间和你玩儿小孩子的游戏。”小孩儿默默地回到自己的房间关上门。

父亲坐下来还在生气。后来,他平静下来了。心想他可能对孩子太凶了——或许孩子真的很想买什么东西,再说他平时很少要过钱。父亲走进孩子的房间:“你睡了吗?”“爸,还没有,我还醒着。”孩子回答。“我刚才可能对你太凶了,”父亲说,“我不应该发那么大的火儿——这是你要的十美金。”“爸,谢谢您。”孩子高兴地从枕头下拿出一些被弄皱的钞票,慢慢地数着。“为什么你已经有钱了还要?”父亲不解地问。“因为原来不够,但现在凑够了。”孩子回答,“爸,我现在有二十美金了,我可以向您买一个小时的时间吗?明天请早一点儿回家——我想和您一起吃晚餐。”

作品 8 号 节选自巴金《繁星》

我爱月夜,但我也爱星天。从前在家乡七八月的夜晚在庭院里纳凉的时候,我最爱看天上密密麻麻的繁星。望着星天,我就会忘记一切,仿佛回到了母亲的怀里似的。三年前在南京我住的地方有一道后门,每晚我打开后门,便看见一个静寂的夜。下面是一片菜园,上面是星群密布的蓝天。星光在我们的肉眼里虽然微小,然而它使我们觉得光明无处不在。那时候我正在读一些天文学的书,也认得一些星星,好像它们就是我的朋友,它们常常在和我谈话一样。

如今在海上,每晚和繁星相对,我把它们认得很熟了。我躺在舱面上,仰望天空。深蓝色的天空里悬着无数半明半暗的星。船在动,星也在动,它们是这样低,真是摇摇欲坠呢!渐渐地我的眼睛模糊了,我好像看见无数萤火虫在我的周围飞舞。海上的夜是柔和的,是静寂的,是梦幻的。我望着许多认识的星,我仿佛看见它们在对我眨眼,我仿佛听见它们在小声说话。这时我忘记了一切。在星的怀抱中我微笑着,我沉睡着。我觉得自己是一个小孩子,现在睡在母亲的怀里了。有一夜,那个在哥伦波上船的英国人指给我看天上的巨人。他用手指着:那四颗明亮的星是头,下面的几颗是身子,这几颗是手,那几颗是腿和脚,还有三颗星算是腰带。经他这一番指点,我果然看清楚了那个天上的巨人。看,那个巨人还在跑呢!

作品 9 号 节选自李恒瑞《风筝畅想曲》

假日到河滩上转转,看见许多孩子在放风筝。一根根长长的引线,一头系在天上,一头系在地上,孩子同风筝都在天与地之间悠荡,连心也被悠荡得恍恍惚惚了,好像又回到了童年。儿时放的风筝,大多是自己的长辈或家人编扎的,几根削得很薄的篾,用细纱线扎成各种鸟兽的造型,糊上雪白的纸片,再用彩笔勾勒出面孔与翅膀的图案。通常扎得最多的是“老雕”“美人儿”“花蝴蝶”等。我们家前院就有位叔叔,擅扎风筝,远近闻名。他扎得风筝不只体型好看,色彩艳丽,放飞得高远,还在风筝上绷一叶用芦苇削成的膜片,经风一吹,发出“嗡嗡”的声响,仿佛是风筝的歌唱，在蓝天下播扬，给开阔的天地增添了无尽的韵味，给驰荡的童心带来几分疯狂。

我们那条胡同的左邻右舍的孩子们放的风筝几乎都是叔叔编扎的。他的风筝不卖钱，谁上门去要，就给谁，他乐意自己贴钱买材料。后来，这位叔叔去了海外，放风筝也渐与孩子们远离了。不过年年叔叔给家乡写信，总不忘提起儿时的放风筝。香港回归之后，他在家信中说到，他这只被故乡放飞到海外的风筝，尽管飘荡游弋，经沐风雨，可那线头儿一直在故乡和亲人手中牵着，如今飘得太累了，也该要回归到家乡和亲人身边来了。是的。我想，不光是叔叔，我们每个人都是风筝，在妈妈手中牵着，从小放到大，再从家乡放到祖国最需要的地方去啊！

作品10号 节选自[美]艾尔玛·邦贝克《父亲的爱》

爸不懂得怎样表达爱，使我们一家人融洽相处的是我妈。他只是每天上班下班，而妈则把我们做过的错事开列清单，然后由他来责骂我们。有一次我偷了一块糖果，他要我把它送回去，告诉卖糖的说是我偷来的，说我愿意替他拆箱卸货作为赔偿。但妈妈却明白我只是个孩子。

我在运动场打秋千跌断了腿，在前往医院途中一直抱着我的，是我妈。爸把汽车停在急诊室门口，他们叫他驶开，说那空位是留给紧急车辆停放的。爸听了便叫嚷道："你以为这是什么车？旅游车？"在我生日会上，爸总是显得有些不大相称。他只是忙于吹气球，布置餐桌，做杂务。把插着蜡烛的蛋糕推过来让我吹的，是我妈。我翻阅照相册时，人们总是问："你爸爸是什么样子的？"天晓得！他老是忙着替别人拍照。妈和我笑容可掬地一起拍的照片，多得不可胜数。我记得妈有一次叫他教我骑自行车。我叫他别放手，但他却说是应该放手的时候了。我摔倒之后，妈跑过来扶我，爸却挥手要她走开。我当时生气极了，决心要给他点儿颜色看。于是我马上爬上自行车，而且自己骑给他看。他只是微笑。

我念大学时，所有的家信都是妈写的。他除了寄支票外，还寄过一封短柬给我，说因为我不在草坪上踢足球了，所以他的草坪长得很美。每次我打电话回家，他似乎都想跟我说话，但结果总是说："我叫你妈来接。"我结婚时，掉眼泪的是我妈。他只是大声擤了一下鼻子，便走出房间。我从小到大都听他说："你到哪里去？什么时候回家？汽车有没有汽油？不，不准去。"爸完全不知道怎样表达爱。除非……会不会是他已经表达了，而我却未能察觉？

作品11号 节选自冯骥才《国家荣誉感》

一个大问题一直盘踞在我脑袋里：世界杯怎么会有如此巨大的吸引力？除去足球本身的魅力之外，还有什么超乎其上而更伟大的东西？近来观看世界杯，忽然从中得到了答案：是由于一种无上崇高的精神情感——国家荣誉感！地球上的人都会有国家的概念，但未必时时都有国家的感情。往往人到异国，思念家乡，心怀故国，这国家概念就变得有血有肉，爱国之情来得非常具体。

而现代社会，科技昌达，信息快捷，事事上网，世界真是太小太小，国家的界限似乎也不那么清晰了。再说足球正在快速世界化，平日里各国球员频繁转会，往来随意，致使越来越多的国家联赛都具有国际的因素。球员们不论国籍，只效力于自己的俱乐部，他们比赛时的激情中完全没有爱国主义的因子。

然而，到了世界杯大赛，天下大变。各国球员都回国效力，穿上与光荣的国旗同样色彩的服装。在每一场比赛前，还高唱国歌以宣示对自己祖国的挚爱与忠诚。一种血缘情感开始在全身的血管里燃烧起来，而且立刻热血沸腾。在历史时代，国家间经常发生对抗，好男儿戎装卫国。国家的荣誉往往需要以自己的生命去换取。但在和平时代，唯有这种国家之间大规模对抗性的大赛，才可以唤起那种遥远而神圣的情感，那就是：为祖国而战！

作品 12 号 节选自峻青《海滨仲夏夜》

夕阳落山不久，西方的天空，还燃烧着一片橘红色的晚霞。大海，也被这霞光染成了红色，而且比天空的景色更要壮观。因为它是活动的，每当一排排波浪涌起的时候，那映照在浪峰上的霞光，又红又亮，简直就像一片片霍霍燃烧着的火焰，闪烁着，消失了。而后面的一排，又闪烁着，滚动着，涌了过来。

天空的霞光渐渐地淡下去了，深红的颜色变成了绯红，绯红又变为浅红。最后，当这一切红光都消失了的时候，那突然显得高而远了的天空，则呈现出一片肃穆的神色。最早出现的启明星，在这蓝色的天幕上闪烁起来了。它是那么大，那么亮，整个广漠的天幕上只有它在那里放射着令人注目的光辉，活像一盏悬挂在高空的明灯。

夜色加浓，苍空中的"明灯"越来越多了。而城市各处的镇的灯火也次第亮了起来，尤其是围绕在海港周围山坡上的那一片灯光，从半空倒映在乌蓝的海面上，随着波浪，晃动着，闪烁着，像一串流动着的珍珠，和那一片片密布在苍穹里的星斗互相辉映，煞是好看。在这幽美的夜色中，我踏着软绵绵的沙滩，沿着海边，慢慢地向前走去。海水，轻轻地抚摸着细软的沙滩，发出温柔的刷刷声。晚来的海风，清新而又凉爽。我的心里，有着说不出的兴奋和愉快。夜风轻飘飘地吹拂着，空气中飘荡着一种大海和田禾相混合的香味儿，柔软的沙滩上还残留着白天太阳炙晒的余温。那些在各个工作岗位上劳动了一天的人们，三三两两地来到这软绵绵的沙滩上，他们浴着凉爽的海风，望着那缀满了星星的夜空，尽情地说笑，尽情地休息。

作品 13 号 节选自童裳亮《海洋与生命》

生命在海洋里诞生绝不是偶然的，海洋的物理和化学性质，使它成为孕育原始生命的摇篮。我们知道，水是生物的重要组成部分，许多动物组织的含水量在百分之八十以上，而一些海洋生物的含水量高达百分之九十五。水是新陈代谢的重要媒介，没有它，体内的一系列生理和生物化学反应就无法进行，生命也就停止。因此，在短时期内动物缺水要比缺少食物更加危险。水对今天的生命是如此重要，它对脆弱的原始生命，更是举足轻重了。生命在海洋里诞生，就不会有缺水之忧。

水是一种良好的溶剂。海洋中含有许多生命所必需的无机盐，如氯化钠、氯化钾、碳酸盐、磷酸盐，还有溶解氧，原始生命可以毫不费力地从中吸取它所需要的元素。水具有很高的热容量，加之海洋浩大，任凭夏季烈日暴晒，冬季寒风扫荡，它的温度变化却比较小。因此，巨大的海洋就像是天然的"温箱"，是孕育原始生命的温床。阳光虽然为生命所必需，但是阳光中的紫外线却有扼杀原始生命的危险。水能有效地吸收紫外线，因而又为原始生命提供了天然的"屏障"。这一切都是原始生命得以产生和发展的必要条件。

作品 14 号 节选自(台湾)林清玄《和时间赛跑》

读小学的时候,我的外祖母去世了。外祖母生前最疼爱我,我无法排除自己的忧伤,每天在学校的操场上一圈儿又一圈儿地跑着,跑得累倒在地上,扑在草坪上痛哭。那哀痛的日子,断断续续地持续了很久,爸爸妈妈也不知道如何安慰我。他们知道与其骗我说外祖母睡着了,还不如对我说实话:外祖母永远不会回来了。“什么是永远不会回来呢?”我问着。“所有时间里的事物,都永远不会回来。你的昨天过去,它就永远变成昨天,你不能再回到昨天。爸爸以前也和你一样小,现在也不能回到你这么小的童年了;有一天你会长大,你会像外祖母一样老;有一天你度过了你的时间,就永远不会回来了。”爸爸说。

爸爸等于给我一个谜语,这谜语比课本上的“日历挂在墙壁,一天撕去一页,使我心里着急”和“一寸光阴一寸金,寸金难买寸光阴”还让我感到可怕;也比作文本上的“光阴似箭,日月如梭”更让我觉得有一种说不出的滋味。时间过得那么飞快,使我的小心眼儿里不只是着急,还有悲伤。有一天我放学回家,看到太阳快落山了,就下决心说:“我要比太阳更快地回家。”

我狂奔回去,站在庭院前喘气的时候,看到太阳还露着半边脸,我高兴地跳跃起来,那一天我跑赢了太阳。以后我就时常做那样的游戏,有时和太阳赛跑,有时和西北风比快,有时一个暑假才能做完的作业,我十天就做完了;那时我三年级,常常把哥哥五年级的作业拿来做。每一次比赛胜过时间,我就快乐得不知道怎么形容。如果将来我有什么要教给我的孩子,我会告诉他:假若你一直和时间比赛,你就可以成功!

作品 15 号 节选自陈灼主编《实用汉语中级教程》(上)中《胡适的白话电报》

三十年代初,胡适在北京大学任教授。讲课时他常常对白话文大加称赞,引起一些只喜欢文言文而不喜欢白话文的学生的不满。一次,胡适正讲得得意的时候,一位姓魏的学生突然站了起来,生气地问:“胡先生,难道说白话文就毫无缺点吗?”

胡适微笑着回答说:“没有。”那位学生更加激动了:“肯定有!白话文废话太多,打电报用字多,花钱多。”胡适的目光顿时变亮了,轻声地解释说:“不一定吧!前几天有位朋友给我打来电报,请我去政府部门工作,我决定不去,就回电拒绝了。复电是用白话写的,看来也很省字。请同学们根据我这个意思,用文言文写一个回电,看看究竟是白话文省字,还是文言文省字。”

胡教授刚说完,同学们立刻认真地写了起来。十五分钟过去,胡适让同学举手,报告用字的数目,然后挑了一份用字最少的文言电报稿,电文是这样写的:“才疏学浅,恐难胜任,不堪从命。”白话文的意思是:学问不深,恐怕很难担任这个工作,不能服从安排。胡适说,这份写得确实不错,仅用了十二个字。但我的白话电报却只用了五个字:“干不了,谢谢!”胡适又解释说:“干不了”,就有才疏学浅,恐难胜任的意思;“谢谢”既对朋友的介绍表示感谢,又有拒绝的意思。所以,废话多不多,并不看它是文言文还是白话文,只要注意选用字词,白话文是可以比文言文更省字的。

作品 16 号 节选自 [俄] 柯罗连科《火光》，张铁夫译

很久以前，在一个漆黑的秋天的夜晚，我泛舟在西伯利亚一条阴森森的河上。船到一个转弯处，只见前面黑黢黢的山峰下面一星火光蓦地一闪。火光又明又亮，好像就在眼前……“好啦，谢天谢地！”我高兴地说，“马上就到过夜的地方啦！”船夫扭头朝身后的火光望了一眼，又不以为然地划起桨来。“远着呢！”我不相信他的话，因为火光冲破朦胧的夜色，明明在那儿闪烁。

不过船夫是对的，事实上，火光的确还远着呢。这些黑夜的火光的特点是：驱散黑暗，闪闪发亮，近在眼前，令人神往。乍一看，再划几下就到了……其实却还远着呢！……我们在漆黑如墨的河上又划了很久。一个个峡谷和悬崖，迎面驶来，又向后移去，仿佛消失在茫茫的远方，而火光却依然停在前头，闪闪发亮，令人神往——依然是这么近，又依然是那么远……

现在，无论是这条被悬崖峭壁的阴影笼罩得漆黑的河流，还是那一星明亮的火光，都经常浮现在我的脑际，在这以前和在这以后，曾有许多火光，似乎近在咫尺，不止使我一人心驰神往。可是生活之河却仍然在那阴森森的两岸之间流着，而火光也依旧非常遥远。因此，必须加劲划桨……然而，火光啊……毕竟……毕竟就在前头！……

作品 17 号 节选自老舍《济南的冬天》

对于一个在北平住惯的人，像我，冬天要是不刮风，便觉得是奇迹；济南的冬天是没有风声的。对于一个刚由伦敦回来的人，像我，冬天要能看得见日光，便觉得是怪事；济南的冬天是响晴的。自然，在热带的地方，日光永远是那么毒，响亮的天气，反有点儿叫人害怕。可是，在北方的冬天，而能有温晴的天气，济南真得算个宝地。设若单单是有阳光，那也算不了出奇。请闭上眼睛想：一个老城，有山有水，全在天底下晒着阳光，暖和安适地睡着，只等春风来把它们唤醒，这是不是理想的境界。

小山把济南围了个圈儿，只有北边缺着点口儿。这一圈小山在冬天特别可爱，好像是把济南放在一个小摇篮里，它们安静不动地低声地说：“你们放心吧，这儿准保暖和。”真的，济南的人们在冬天是面上含笑的。他们一看那些小山，心中便觉得有了着落，有了依靠。他们由天上看到山上，便不知不觉地想起：“明天也许就是春天了吧？这样的温暖，今天夜里山草也许就绿起来了吧？”就是这点儿幻想不能一时实现，他们也并不着急，因为这样慈善的冬天，干什么还希望别的呢！最妙的是下点儿小雪呀。

看吧，山上的矮松越发的青黑，树尖儿上顶着一髻儿白花，好像日本看护妇。山尖儿全白了，给蓝天镶上一道银边。山坡上，有的地方雪厚点儿，有的地方草色还露着；这样，一道儿白，一道儿暗黄，给山们穿上一件带水纹儿的花衣；看着看着，这件花衣好像被风儿吹动，叫你希望看见一点儿更美的山的肌肤。等到快日落的时候，微黄的阳光斜射在山腰上，那点儿薄雪好像忽然害羞，微微露出点儿粉色。就是下小雪吧，济南是受不住大雪的，那些小山太秀气。

作品 18 号 节选自郑莹《家乡的桥》

纯朴的家乡村边有一条河，曲曲弯弯，河中架一弯石桥，弓样的小桥横跨两岸。

每天，不管是鸡鸣晓月，日丽中天，还是月华泻地，小桥都印下串串足迹，洒落串串汗珠。那是乡亲为了追求多棱的希望，兑现美好的遐想。弯弯小桥，不时荡过轻吟低唱，不时露出舒心的笑容。

因而，我稚小的心灵，曾将心声献给小桥：你是一弯银色的新月，给人间普照光辉；你是一把闪亮的镰刀，割刈着欢笑的花果；你是一根晃悠悠的扁担，挑起了彩色的明天！哦，小桥走进我的梦中。我在漂泊他乡的岁月，心中总涌动着故乡的河水，梦中总看到弓样的小桥。当我访南疆探北国，眼帘闯进座座雄伟的长桥时，我的梦变得丰满了，增添了赤橙黄绿青蓝紫。

三十多年过去，我带着满头霜花回到故乡，第一紧要的便是去看望小桥。啊！小桥呢 它躲起来了 河中一道长虹，浴着朝霞熠熠闪光。哦，雄浑的大桥敞开胸怀，汽车的呼啸，摩托的笛音，自行车的丁零，合奏着进行交响乐；南来的钢筋，花布，北往的柑橙，家禽，绘出交流欢悦图……

啊！蜕变的桥，传递了家乡进步的消息，透露了家乡富裕的声音。时代的春风，美好的追求，我蓦地记起儿时唱给小桥的歌，哦，明艳的太阳照耀了，芳香甜蜜的花果捧来了，五彩斑斓的岁月拉开了！我心中涌动的河水，激荡起甜美的浪花。我仰望一碧蓝天，心底轻声呼喊：家乡的桥啊，我梦中的桥！

作品 19 号 节选自游宇明《坚守你的高贵》

三百多年前，建筑设计师莱伊恩受命设计了英国温泽市政府大厅。他运用工程力学的知识，依据自己多年的实践，巧妙地设计了只用一根柱子支撑的大厅天花板。一年以后，市政府权威人士进行工程验收时，却说只用一根柱子支撑天花板太危险，要求莱伊恩再多加几根柱子。

莱伊恩自信只要一根坚固的柱子足以保证大厅安全，他的固执惹恼了市政官员，险些被送上法庭。他非常苦恼，坚持自己原先的主张吧，市政官员肯定会另找人修改设计；不坚持吧，又有悖自己为人的准则。矛盾了很长一段时间，莱伊恩终于想出了一条妙计，他在大厅里增加了四根柱子，不过这些柱子并未与天花板接触，只不过是装装样子。

三百多年过去了，这个秘密始终没有被人发现。直到前两年，市政府准备修缮大厅的天花板，才发现莱伊恩当年的弄虚作假。消息传出后，世界各国的建筑专家和游客云集，当地政府对此也不加掩饰，在新世纪到来之际，特意将大厅作为一个旅游景点对外开放，旨在引导人们崇尚和相信科学。作为一名建筑师，莱伊恩并不是最出色的。但作为一个人，他无疑非常伟大，这种伟大表现在他始终恪守着自己的原则，给高贵的心灵一个美丽的住所；哪怕是遭遇到最大的阻力，也要想办法抵达胜利。

作品 20 号 节选自陶猛译《金子》

自从传言有人在萨文河畔散步时无意发现了金子后，这里便常有来自四面八方的淘金者。他们都想成为富翁，于是寻遍了整个河床，还在河床上挖出很多大坑，希望借助它们找到更多的金子。的确，有一些人找到了，但另外一些人因为一无所得而只好扫兴归去。也有不甘心落空的，便驻扎在这里，继续寻找。

彼得·弗雷特就是其中一员。他在河床附近买了一块没人要的土地，一个人默默地工作。他为了找金子，已把所有的钱都押在这块土地上。他埋头苦干了几个月，直到土地全变成了坑坑洼洼，他失望了——他翻遍了整块土地，但连一丁点儿金子都没看见。六个月后，他连买面包的钱都没有了。于是他准备离开这儿到别处去谋生。就在他即将离去的前一个晚上，天下起了倾盆大雨，并且一下就是三天三夜。雨终于停了，彼得走出小木屋，发现眼前的土地看上去好像和以前不一样：坑坑洼洼已被大水冲刷平整，松软的土地上长出一层绿茸茸的小草。"这里没找到金子，"彼得忽有所悟地说，"但这土地很肥沃，我可以用来种花，并且拿到镇上去卖给那些富人，他们一定会买些花装扮他们华丽的客厅。如果真是这样的话，那么我一定会赚许多钱，有朝一日我也会成为富人……"

于是他留了下来。彼得花了不少精力培育花苗，不久田地里长满了美丽娇艳的各色鲜花。五年以后，彼得终于实现了他的梦想——成了一个富翁。"我是唯一的一个找到真金的人！"他时常不无骄傲地告诉人，"别人在这儿找不到金子后便远远地离开，而我的金子是在这块土地里，只有诚实的人用勤劳才能采集到。"

作品 21 号 节选自青白《捐诚》

我在加拿大学习期间遇到过两次募捐，那情景至今使我难以忘怀。一天，我在渥太华的街上被两个男孩子拦住去路。他们十来岁，穿得整整齐齐，每人头上戴着个做工精巧，色彩鲜艳的纸帽，上面写着"为帮助患小儿麻痹的伙伴募捐"。其中的一个，不由分说就坐在小凳上给我擦起皮鞋来，另一个则彬彬有礼地发问："小姐，您是哪国人，喜欢渥太华吗？""小姐，在你们国家有没有小孩儿患小儿麻痹？谁给他们医疗费？"一连串的问题，使我这个有生以来头一次在众目睽睽之下让别人擦鞋的异乡人，从近乎狼狈的窘态中解脱出来。我们像朋友一样聊起天儿来……

几个月之后，也是在街上。一些十字路口处或车站坐着几位老人。他们满头银发，身穿各种老式军装，上面布满了大大小小形形色色的徽章，奖章，每人手捧一大束鲜花，有水仙、石竹、玫瑰及叫不出名字的，一色雪白。匆匆过往的行人纷纷止步，把钱投进这些老人身旁的白色木箱内，然后向他们微微鞠躬，从他们手中接过一朵花。我看了一会儿，有人投一两元，有人投几百元，还有人掏出支票填好后投进木箱。

那些老军人毫不注意人们捐多少钱，一直不停地向人们低声道谢。同行的朋友告诉我，这是为纪念二次大战中参战的勇士，募捐救济残废军人和烈士遗孀，每年一次；认捐的人可谓踊跃，而且秩序井然，气氛庄严。有些地方，人们还耐心地排着队。我想，这是因为他们都知道：正是这些老人们的流血牺牲换来了包括他们信仰自由在内的许许多多。我两次把那微不足道的一点儿钱捧给他们，只想对他们说声"谢谢"。

作品 22 号 节选自王文杰《可爱的小鸟》

没有一片绿叶，没有一缕炊烟，没有一粒泥土，没有一丝花香，只有水的世界，云的海洋。一阵台风袭过，一只孤单的小鸟无家可归，落到被卷到洋里的木板上，乘流而下，姗姗而来，近了，近了！……忽然，小鸟张开翅膀，在人们头顶盘旋了几圈儿，

"噗啦"一声落到了船上。许是累了？还是发现了"新大陆"？水手撵它它不走，抓它，它乖乖地落在掌心。

可爱的小鸟和善良的水手结成了朋友。瞧，它多美丽，娇俏的小嘴，啄理着绿色的羽毛，鸭子样的扁脚，呈现出春草的鹅黄。水手们把它带到舱里，给它"搭铺"，让它在船上安家落户，每天，把分到的一塑料桶淡水匀给它喝，把从祖国带来的鲜美的鱼肉分给它吃，天长日久，小鸟和水手的感情日趋笃厚。清晨，当第一束阳光射进舷窗时，它便敞开美丽的歌喉，唱啊唱，嘤嘤有韵，宛如春水淙淙。人类给它以生命，它毫不悭吝地把自己的艺术青春奉献给了哺育它的人。可能都是这样 艺术家们的青春只会献给尊敬他们的人。

小鸟给远航生活蒙上了一层浪漫色调。返航时，人们爱不释手，恋恋不舍地想把它带到异乡。可小鸟憔悴了，给水，不喝！喂肉，不吃！油亮的羽毛失去了光泽。是啊，我们有自己的祖国，小鸟也有它的归宿，人和动物都是一样啊，哪儿也不如故乡好！慈爱的水手们决定放开它，让它回到大海的摇篮去，回到蓝色的故乡去。离别前，这个大自然的朋友与水手们留影纪念。它站在许多人的头上，肩上，掌上，胳膊上，与喂养过它的人们，一起融进那蓝色的画面……

作品 23 号 节选自(中国台湾)刘墉《课不能停》

纽约的冬天常有大风雪，扑面的雪花不但令人难以睁开眼睛，甚至呼吸都会吸入冰冷的雪花。有时前一天晚上还是一片晴朗，第二天拉开窗帘，却已经积雪盈尺，连门都推不开了。遇到这样的情况，公司、商店常会停止上班，学校也通过广播，宣布停课。但令人不解的是，唯有公立小学，仍然开放。只见黄色的校车，艰难地在路边接孩子，老师则一大早就口中喷着热气，铲去车子前后的积雪，小心翼翼地开车去学校。

据统计，十年来纽约的公立小学只因为超级暴风雪停过七次课。这是多么令人惊讶的事。犯得着在大人都无须上班的时候让孩子去学校吗？小学的老师也太倒霉了吧？于是，每逢大雪而小学不停课时，都有家长打电话去骂。妙的是，每个打电话的人，反应全一样——先是怒气冲冲地责问，然后满口道歉，最后笑容满面地挂上电话。

原因是，学校告诉家长：在纽约有许多百万富翁，但也有不少贫困的家庭。后者白天开不起暖气，供不起午餐，孩子的营养全靠学校里免费的中饭，甚至可以多拿些回家当晚餐。学校停课一天，穷孩子就受一天冻，挨一天饿，所以老师们宁愿自己苦一点儿，也不能停课。或许有家长会说：何不让富裕的孩子在家里，让贫穷的孩子去学校享受暖气和营养午餐呢 学校的答复是：我们不愿让那些穷苦的孩子感到他们是在接受救济，因为施舍的最高原则是保持受施者的尊严。

作品 24 号 节选自严文井《莲花和樱花》

十年，在历史上不过是一瞬间。只要稍加注意，人们就会发现：在这一瞬间里，各种事物都悄悄经历了自己的千变万化。这次重新访日，我处处感到亲切和熟悉，也在许多方面发掘了日本的变化。就拿奈良的一个角落来说吧，我重游了为之感受很深的唐招提寺，在寺内各处匆匆走了一遍，庭院依旧，但意想不到还看到了一些新的东西。其中之一，就是近几年从中国移植来的“友谊之莲”。

在存放鉴真遗像的那个院子里，几株中国莲昂然挺立，翠绿的宽大荷叶正迎风而舞，显得十分愉快。开花的季节已过，荷花朵朵已变为莲蓬累累。莲子的颜色正在由青转紫，看来已经成熟了。我禁不住想：“因”已转化为“果”。中国的莲花开在日本，日本的樱花开在中国，这不是偶然。我希望这样一种盛况延续不衰。可能有人不欣赏花，但绝不会有人欣赏落在自己面前的炮弹。在这些日子里，我看到了不少多年不见的老朋友，又结识了一些新朋友。

大家喜欢涉及的话题之一，就是古长安和古奈良。那还用得着问吗，朋友们缅怀过去，正是瞩望未来。瞩目于未来的人们必将获得未来。我不例外，也希望一个美好的未来。为了中日人民之间的友谊，我将不浪费今后生命的每一瞬间。

作品 25 号 节选自朱自清《绿》

梅雨潭闪闪的绿色招引着我们，我们开始追捉她那离合的神光了。揪着草，攀着乱石，小心探身下去，又鞠躬过了一个石穹门，便到了汪汪一碧的潭边了。瀑布在襟袖之间，但是我的心中已没有瀑布了。我的心随潭水的绿而摇荡。那醉人的绿呀！仿佛一张极大的荷叶铺着，满是奇异的绿呀。我想张开两臂抱住她，但这是怎样一个妄想啊。

站在水边，望到那面，居然觉着有些远呢！这平铺着，厚积着的绿，着实可爱。她松松地皱缬着，像少妇拖着的裙幅；她滑滑地明亮着，像涂了明油一般，有鸡蛋清那样软，那样嫩；她又不杂些尘滓，宛然一块温润的碧玉，只清清的一色——但你却看不透她！我曾见过北京什刹海拂地的绿杨，脱不了鹅黄的底子，似乎太淡了。我又曾见过杭州虎跑寺近旁高峻而深密的“绿壁”，丛叠着无穷的碧草与绿叶的，那又似乎太浓了。

其余呢，西湖的波太明了，秦淮河的也太暗了。可爱的，我将什么来比拟你呢？我怎么比拟得出呢？大约潭是很深的，故能蕴蓄着这样奇异的绿；仿佛蔚蓝的天融了一块在里面似的，这才这般的鲜润啊。那醉人的绿呀！我若能裁你以为带，我将赠给那轻盈的舞女，她必能临风飘举了。我若能挹你以为眼，我将赠给那善歌的盲妹，她必明眸善睐了。我舍不得你，我怎舍得你呢 我用手拍着你，抚摸着你，如同一个十二三岁的小姑娘。我又掬你入口，便是吻着她了。我送你一个名字，我从此叫你女儿绿，好吗？第二次到仙岩的时候，我不禁惊诧于梅雨潭的绿了。

作品 26 号 节选自许地山《落花生》

我们家的后园有半亩空地，母亲说：“让它荒着怪可惜的，你们那么爱吃花生，就开辟出来种花生吧。”我们姐弟几个都很高兴，买种，翻地，播种，浇水，没过几个月，居然收获了。

母亲说：“今晚我们过一个收获节，请你们父亲也来尝尝我们的新花生，好不好？”母亲把花生做成了好几样食品，还吩咐就在后园的茅亭里过这个节。

晚上天色不太好，可是父亲也来了，实在很难得。

父亲说：“你们爱吃花生么？”

我们争着答应：“爱！”

"谁能把花生的好处说出来？"

姐姐说："花生的味儿美。"

哥哥说："花生可以榨油。"

我说："花生的价钱便宜，谁都可以买来吃，都喜欢吃。这就是它的好处。"

父亲说："花生的好处很多，有一样最可贵：它的果实埋在地里，不像桃子、石榴、苹果那样，把鲜红嫩绿的果实高高地挂在枝头上，使人一见就生爱慕之心。你们看它矮矮地长在地上，等到成熟了，也不能立刻分辨出来它有没有果实，必须挖起来才知道。"

我们都说是，母亲也点点头。

父亲接下去说："所以你们要像花生，它虽然不好看，可是很有用。"

我说："那么，人要做有用的人，不要做只讲体面，而对别人没有好处的人。"

父亲说：”对。这是我对你们的希望。"

我们谈到深夜才散。花生做的食品都吃完了，父亲的话却深深地印在我的心上。

作品 27 号 节选自[俄]屠格涅夫《麻雀》，巴金译

我打猎归来，沿着花园的林荫路走着。狗跑在我前边。突然，狗放慢脚步，蹑足潜行，好像嗅到了前边有什么野物。我顺着林荫路望去，看见了一只嘴边还带黄色，头上生着柔毛的小麻雀。风猛烈地吹打着林荫路上的白桦树，麻雀从巢里跌落下来，呆呆地伏在地上，孤立无援地张开两只羽毛还未丰满的小翅膀。我的狗慢慢向它靠近。

忽然，从附近一棵树上飞下一只黑胸脯的老麻雀，像一颗石子似的落到狗的跟前。老麻雀全身倒竖着羽毛，惊恐万状，发出绝望，凄惨的叫声，接着向露出牙齿，大张着的狗嘴扑去。老麻雀是猛扑下来救护幼雀的。它用身体掩护着自己的幼儿……但它整个小小的身体因恐怖而战栗着，它小小的声音也变得粗暴嘶哑，它在牺牲自己！在它看来，狗该是多么庞大的怪物啊！然而，它还是不能站在自己高高的，安全的树枝上……一种比它的理智更强烈的力量，使它从那儿扑下身来。

我的狗站住了，向后退了退……看来，它也感到了这种力量。我赶紧唤住惊慌失措的狗，然后我怀着崇敬的心情，走开了。是啊，请不要见笑。我崇敬那只小小的，英勇的鸟儿，我崇敬它那种爱的冲动和力量。爱，我想，比死和死的恐惧更强大。只有依靠它，依靠这种爱，生命才能维持下去，发展下去。

作品 28 号 节选自唐若水译《迷途笛音》

那年我六岁。离我家仅一箭之遥的小山坡旁，有一个早已被废弃的采石场，双亲从来不准我去那儿，其实那儿风景十分迷人。一个夏季的下午，我随着一群小伙伴偷偷上哪儿去了。就在我们穿越了一条孤寂的小路后，他们却把我一个人留在原地，然后奔向更危险的地带了。等他们走后，我惊慌失措地发现，再也找不到要回家的那条孤寂的小道了。像只无头的苍蝇，我到处乱钻，衣裤上挂满了芒刺。太阳已经落山，而此时此刻，家里一定开始吃晚餐了，双亲正盼着我回家……想着想着，我不由得背靠着一棵树，伤心地呜呜大哭起来……

突然，不远处传来了声声柳笛。我像找到了救星，急忙循声走去。一条小道边的树桩上坐着一位吹笛人，手里还正削着什么。走近细看，他不就是被大家称为“乡巴佬儿”的卡廷吗？“你好，小家伙儿，”卡廷说，“看天气多美，你是出来散步的吧？”我怯生生地点点头，答道：“我要回家了。”“请耐心等上几分钟，”卡廷说，“瞧，我正在削一支柳笛，差不多就要做好了，完工后就送给你吧！”

卡廷边削边不时把尚未成形的柳笛放在嘴里试吹一下。没过多久，一支柳笛便递到我手中。我俩在一阵阵清脆悦耳的笛音中，踏上了归途…… 当时，我心中只充满感激，而今天，当我自己也成了祖父时，却突然领悟到他用心之良苦！那天当他听到我的哭声时，便判定我一定迷了路，但他并不想在孩子面前扮演救星的角色，于是吹响柳笛以便让我能发现他，并跟着他走出困境！就这样，卡廷先生以乡下人的纯朴，保护了一个小男孩儿强烈的自尊。

作品 29 号 节选自小学《语文》第六册中《莫高窟》

在浩瀚无垠的沙漠里，有一片美丽的绿洲，绿洲里藏着一颗闪光的珍珠。这颗珍珠就是敦煌莫高窟。它坐落在我国甘肃省敦煌市三危山和鸣沙山的怀抱中。鸣沙山东麓是平均高度为十七米的崖壁。在一千六百多米长的崖壁上，凿有大小洞窟七百余个，形成了规模宏伟的石窟群。其中四百九十二个洞窟中，共有彩色塑像两千一百余尊，各种壁画共四万五千多平方米。

莫高窟是我国古代无数艺术匠师留给人类的珍贵文化遗产。莫高窟的彩塑，每一尊都是一件精美的艺术品。最大的有九层楼那么高，最小的还不如一个手掌大。这些彩塑个性鲜明，神态各异。有慈眉善目的菩萨，有威风凛凛的天王，还有强壮勇猛的力士……莫高窟壁画的内容丰富多彩，有的是描绘古代劳动人民打猎，捕鱼，耕田，收割的情景，有的是描绘人们奏乐，舞蹈，演杂技的场面，还有的是描绘大自然的美丽风光。其中最引人注目的是飞天。壁画上的飞天，有的臂挎花篮，采摘鲜花；有的反弹琵琶，轻拨银弦；有的倒悬身子，自天而降；有的彩带飘拂，漫天遨游；有的舒展着双臂，翩翩起舞。看着这些精美动人的壁画，就像走进了灿烂辉煌的艺术殿堂。

莫高窟里还有一个面积不大的洞窟——藏经洞。洞里曾藏有我国古代的各种经卷、文书、帛画、刺绣、铜像等共六万多件。由于清朝政府无能，大量珍贵的文物被外国强盗掠走。仅存的部分经卷，现在陈列于北京故宫等处。莫高窟是举世闻名的艺术宝库。这里的每一尊彩塑，每一幅壁画，每一件文物，都是中国古代人民智慧的结晶。

作品 30 号 节选自张抗抗《牡丹的拒绝》

其实你在很久以前并不喜欢牡丹，因为它总被人作为富贵膜拜。后来你目睹了一次牡丹的落花，你相信所有的人都会为之感动：一阵清风徐来，娇艳鲜嫩的盛期牡丹忽然整朵整朵地坠落，铺撒一地绚丽的花瓣。那花瓣落地时依然鲜艳夺目，如同一只奉上祭坛的大鸟脱落的羽毛，低吟着壮烈的悲歌离去。

牡丹没有花谢花败之时，要么烁于枝头，要么归于泥土，它跨越萎顿和衰老，由青春而死亡，由美丽而消遁。它虽美却不吝惜生命，即使告别也要展示给人最后一次的惊心动魄。所以在这阴冷的四月里，奇迹不会发生。任凭游人扫兴和诅咒，牡丹依然安之若素。它不苟且、不俯就、不妥协、不媚俗，甘愿自己冷落自己。它遵循自己的花期自己的规律，它有权利为自己选择每年一度的盛大节日。它为什么不拒绝寒冷？天南海北的看花人，依然络绎不绝地涌入洛阳城。

人们不会因牡丹的拒绝而拒绝它的美。如果它再被贬谪十次，也许它就会繁衍出十个洛阳牡丹城。于是你在无言的遗憾中感悟到，富贵与高贵只是一字之差。同人一样，花儿也是有灵性的，更有品位之高低。品位这东西为气为魂为筋骨为神韵，只可意会。你叹服牡丹卓尔不群之姿，方知品位是多么容易被世人忽略或是漠视的美。

作品 31 号 节选自《中考语文课外阅读试题精选》中《“能吞能吐”的森林》

森林涵养水源，保持水土，防止水旱灾害的作用非常大。据专家测算，一片十万亩面积的森林，相当于一个两百万立方米的水库，这正如农谚所说的：“山上多栽树，等于修水库。雨多它能吞，雨少它能吐。”说起森林的功劳，那还多得很。它除了为人类提供木材及许多种生产，生活的原料之外，在维护生态环境方面也是功劳卓著。它用另一种能吞能吐的特殊功能孕育了人类。因为地球在形成之初，大气中的二氧化碳含量很高，氧气很少，气温也高，生物是难以生存的。

大约在四亿年之前，陆地才产生了森林。森林慢慢将大气中的二氧化碳吸收，同时吐出新鲜氧气，调节气温：这才具备了人类生存的条件，地球上才最终有了人类。森林，是地球生态系统的主体，是大自然的总调度室，是地球的绿色之肺。森林维护地球生态环境的这种能吞能吐的特殊功能是其他任何物体都不能取代的。然而，由于地球上的燃烧物增多，二氧化碳的排放量急剧增加，使得地球生态环境急剧恶化，主要表现为全球气候变暖，水分蒸发加快，改变了气流的循环，使气候变化加剧，从而引发热浪，飓风，暴雨，洪涝及干旱。

为了使地球的这个能吞能吐的绿色之肺恢复健壮，以改善生态环境，抑制全球变暖，减少水旱等自然灾害，我们应该大力造林、护林，使每一座荒山都绿起来。

作品 32 号 节选自（台湾）杏林子《朋友和其他》

朋友即将远行。暮春时节，又邀了几位朋友在家小聚。虽然都是极熟的朋友，却是终年难得一见，偶尔电话里相遇，也无非是几句寻常话。一锅小米稀饭，一碟大头菜，一盘自家酿制的泡菜，一只巷口买回的烤鸭，简简单单，不像请客，倒像家人团聚。其实，友情也好，爱情也好，久而久之都会转化为亲情。

说也奇怪，和新朋友会谈文学、谈哲学、谈人生道理等等，和老朋友却只话家常，柴米油盐，细细碎碎，种种琐事。很多时候，心灵的契合已经不需要太多的言语来表达。朋友新烫了个头，不敢回家见母亲，恐怕惊骇了老人家，却欢天喜地来见我们，老朋友颇能以一种趣味性的眼光欣赏这个改变。年少的时候，我们差不多都在为别人而活，为苦口婆心的父母活，为循循善诱的师长活，为许多观念、许多传统的约束力而活。年岁逐增，渐渐挣脱外在的限制与束缚，开始懂得为自己活，照自己的方式做一些自己喜欢的事，不在乎别人的批评意见，不在乎别人的诋毁流言，只在乎那一份随心所欲的舒坦自然。

偶尔，也能够纵容自己放浪一下，并且有一种恶作剧的窃喜。就让生命顺其自然，水到渠成吧，犹如窗前的乌桕，自生自落之间，自有一份圆融丰满的喜悦。春雨轻轻落着，没有诗，没有酒，有的只是一份相知相属的自在自得。夜色在笑语中渐渐沉落，朋友起身告辞，没有挽留，没有送别，甚至也没有问归期。已经过了大喜大悲的岁月，已经过了伤感流泪的年华，知道了聚散原来是这样的自然和顺理成章，懂得这点，便懂得珍惜每一次相聚的温馨，离别便也欢喜。

作品 33 号 节选自莫怀戚《散步》

我们在田野散步：我，我的母亲，我的妻子和儿子。母亲本不愿出来的。她老了，身体不好，走远一点儿就觉得很累。我说，正因为如此，才应该多走走。母亲信服地点点头，便去拿外套。她现在很听我的话，就像我小时候很听她的话一样。这南方初春的田野，大块小块的新绿随意地铺着，有的浓，有的淡，树上的嫩芽也密了，田里的冬水也咕咕地起着水泡。这一切都使人想着一样东西——生命。

我和母亲走在前面，我的妻子和儿子走在后面。小家伙突然叫起来："前面是妈妈和儿子，后面也是妈妈和儿子。"我们都笑了。后来发生了分歧：母亲要走大路，大路平顺；我的儿子要走小路，小路有意思。不过，一切都取决于我。我的母亲老了，她早已习惯听从她强壮的儿子；我的儿子还小，他还习惯听从他高大的父亲；妻子呢，在外面，她总是听我的。

一霎时我感到了责任的重大。我想找一个两全的办法，找不出；我想拆散一家人，分成两路，各得其所，终不愿意。我决定委屈儿子，因为我伴同他的时日还长。我说："走大路。"但是母亲摸摸孙儿的小脑瓜，变了主意："还是走小路吧。"她的眼随小路望去：那里有金色的菜花，两行整齐的桑树，尽头一口水波粼粼的鱼塘。"我走不过去的地方，你就背着我。"母亲对我说。这样，我们在阳光下，向着那菜花、桑树和鱼塘走去。到了一处，我蹲下来，背起了母亲；妻子也蹲下来，背起了儿子。我和妻子都是慢慢地，稳稳地，走得很仔细，好像我背上的同她背上的加起来，就是整个世界。

作品 34 号 节选自罗伯特·罗威尔《神秘的"无底洞"》

地球上是否真的存在"无底洞"按说地球是圆的，由地壳、地幔和地核三层组成，真正的"无底洞"是不应存在的，我们所看到的各种山洞，裂口，裂缝，甚至火山口也都只是地壳浅部的一种现象。然而中国一些古籍却多次提到海外有个深奥莫测的无底洞。事实上地球上确实有这样一个"无底洞"。

它位于希腊亚各斯古城的海滨。由于濒临大海，大涨潮时，汹涌的海水便会排山倒海般地涌入洞中，形成一股湍湍的急流。据测，每天流入洞内的海水量达三万多吨。奇怪的是，如此大量的海水灌入洞中，却从来没有把洞灌满。曾有人怀疑，这个"无底洞"，会不会就像石灰岩地区的漏斗，竖井，落水洞一类的地形。然而从二十世纪三十年代以来，人们就做了多种努力企图寻找它的出口，却都是枉费心机。

为了揭开这个秘密，一九五八年美国地理学会派出一支考察队，他们把一种经久不变的带色染料溶解在海水中，观察染料是如何随着海水一起沉下去。接着又察看了附近海面以及岛上的各条河、湖，满怀希望地寻找这种带颜色的水，结果令人失望。难道是海水量太大把有色水稀释得太淡,以致无法发现?至今谁也不知道为什么这里的海水会没完没了地“漏”下去,这个“无底洞”的出口又在哪里,每天大量的海水究竟都流到哪里去了。

作品 35 号 节选自[奥]茨威格《世间最美的坟墓》,张厚仁译

我在俄国见到的景物再没有比托尔斯泰墓更宏伟、更感人的。完全按照托尔斯泰的愿望,他的坟墓成了世间最美的、给人印象最深刻的坟墓。它只是树林中的一个小小的长方形土丘,上面开满鲜花——没有十字架,没有墓碑,没有墓志铭,连托尔斯泰这个名字也没有。这位比谁都感到受自己的声名所累的伟人,却像偶尔被发现的流浪汉,不为人知的士兵,不留名姓地被人埋葬了。

谁都可以踏进他最后的安息地,围在四周稀疏的木栅栏是不关闭的——保护列夫·托尔斯泰得以安息的没有任何别的东西,唯有人们的敬意;而通常,人们却总是怀着好奇,去破坏伟人墓地的宁静。这里,逼人的朴素禁锢住任何一种观赏的闲情,并且不容许你大声说话。风儿俯临,在这座无名者之墓的树木之间飒飒响着,和暖的阳光在坟头嬉戏;冬天,白雪温柔地覆盖这片幽暗的土地。无论你在夏天或冬天经过这儿,你都想象不到,这个小小的,隆起的长方体里安放着一位当代最伟大的人物。

然而,恰恰是这座不留姓名的坟墓,比所有挖空心思用大理石和奢华装饰建造的坟墓更扣人心弦。在今天这个特殊的日子里,到他的安息地来的成百上千人中间,没有一个有勇气,哪怕仅仅从这幽暗的土丘上摘下一朵花留作纪念。人们重新感到,世界上再没有比托尔斯泰最后留下的、这座纪念碑式的朴素坟墓,更打动人心的了。

作品 36 号 节选自叶圣陶《苏州园林》

我国的建筑,从古代的宫殿到近代的一般住房,绝大部分是对称的,左边怎么样,右边怎么样。苏州园林可绝不讲究对称,好像故意避免似的。东边有了一个亭子或者一道回廊,西边决不会来一个同样的亭子或者一道同样的回廊。这是为什么?我想,用图画来比方,对称的建筑是图案画,不是美术画,而园林是美木画,美术画要求自然之趣,是不讲究对称的。

苏州园林里都有假山和池沼。假山的堆叠,可以说是一项艺术而不仅是技术。或者是重峦叠嶂,或者是几座小山配合着竹子花木,全在乎设计者和匠师们生平多阅历,胸中有丘壑,才能使游览者攀登的时候忘却苏州城市,只觉得身在山间。至于池沼,大多引用活水。有些园林池沼宽敞。就把池沼作为全园的中心,其他景物配合着布置。水面假如成河道模样,往往安排桥梁。假如安排两座以上的桥梁,那就一座一个样,决不雷同。

池沼或河道的边沿很少砌齐整的石岸,总是高低屈曲任其自然。还在那儿布置几块玲珑的石头,或者种些花草。这也是为了取得从各个角度看都成一幅画的效果。池沼里养着金鱼或各色鲤鱼,夏秋季节荷花或睡莲开放,游览者看“鱼戏莲叶”间,又是入画的一景。

作品 37 号 节选自《态度创造快乐》

一位访美中国女作家，在纽约遇到一位卖花的老太太。老太太穿着破旧，身体虚弱，但脸上的神情却是那样祥和兴奋。女作家挑了一朵花说："看起来，你很高兴。"老太太面带微笑地说："是的，一切都这么美好，我为什么不高兴呢？""对烦恼，你倒真能看得开。"女作家又说了一句。没料到，老太太的回答更令女作家大吃一惊："耶稣在星期五被钉上十字架时，是全世界最糟糕的一天，可三天后就是复活节。所以，当我遇到不幸时，就会等待三天，这样一切就恢复正常了。"

"等待三天"，多么富于哲理的话语，多么乐观的生活方式。它把烦恼和痛苦抛下，全力去收获快乐。沈从文在"文革"期间，陷入了非人的境地。可他毫不在意，他在咸宁时给他的表侄、画家黄永玉写信说："这里的荷花真好，你若来……"深陷苦难却仍为荷花的盛开欣喜赞叹不已，这是一种趋于澄明的境界，一种旷达洒脱的胸襟，一种面临磨难坦荡从容的气度，一种对生活童子般的热爱和对美好事物无限向往的生命情感。

由此可见，影响一个人快乐的，有时并不是困境及磨难，而是一个人的心态。如果把自己浸泡在积极、乐观、向上的心态中，快乐必然会占据你的每一天。

作品 38 号 节选自杨朔《泰山极顶》

泰山极顶看日出，历来被描绘成十分壮观的奇景。有人说：登泰山而看不到日出，就像一出大戏没有戏眼，味儿终究有点寡淡。我去爬山那天，正赶上个难得的好天，万里长空，云彩丝儿都不见。素常烟雾腾腾的山头，显得眉目分明。同伴们都欣喜地说："明天早晨准可以看见日出了。"我也是抱着这种想头，爬上山去。一路从山脚往上爬，细看山景，我觉得挂在眼前的不是五岳独尊的泰山，却像一幅规模惊人的青绿山水画，从下面倒展开来。

在画卷中最先露出的是山根底那座明朝建筑岱宗坊，慢慢地便现出王母池，斗母宫，经石峪。山是一层比一层深，一叠比一叠奇，层层叠叠，不知还会有多深多奇，万山丛中，时而点染着极其工细的人物。王母池旁的吕祖殿里有不少尊明塑，塑着吕洞宾等一些人，姿态神情是那样有生气，你看了，不禁会脱口赞叹说："活啦。"画卷继续展开，绿阴森森的柏洞露面不太久，便来到对松山。两面奇峰对峙着，满山峰都是奇形怪状的老松，年纪怕都有上千岁了，颜色竟那么浓，浓得好像要流下来似的。来到这儿，你不妨权当一次画里的写意人物，坐在路旁的对松亭里，看看山色，听听流水和松涛。一时间，我又觉得自己不仅是在看画卷，却又像是在零零乱乱翻着一卷历史稿本。

作品 39 号 节选自《教师博览·百期精华》中《陶行知的"四块糖果"》

育才小学校长陶行知在校园看到学生王友用泥块砸自己班上的同学，陶行知当即喝止了他，并令他放学后到校长室去。无疑，陶行知是要好好教育这个顽皮的学生。那么他是如何教育的呢？放学后，陶行知来到校长室，王友已经等在门口准备挨训了。可一见面，陶行知却掏出一块糖果送给王友，并说："这是奖给你的，因为你按时来到这里，而我却迟到了。"王友惊疑地接过糖果。随后，陶行知又掏出一块糖果放到他手里，说："这第二块糖果也是奖给你的，因为当我不让你再打人时，你立即就住手了，这说明你很尊重我，我应该奖励你。”王友更惊疑了，他眼睛睁得大大的。

陶行知又掏出第三块糖果塞到王友手里，说：“我调查过了，你用泥块砸那些男生，是因为他们不守游戏规则，欺负女生；你砸他们，说明你很正直善良，且有批评不良行为的勇气，应该奖励你啊！”王友感动极了，他流着眼泪后悔地喊道：“陶……陶校长，你打我两下吧！我砸的不是坏人，而是自己的同学啊……”陶行知满意地笑了，他随即掏出第四块糖果递给王友，说：“为你正确地认识错误，我再奖给你一块糖果，只可惜我只有这一块糖果了。我的糖果没有了，我看我们的谈话也该结束了吧！”说完，就走出了校长室。

作品 40 号 节选自毕淑敏《提醒幸福》

享受幸福是需要学习的，当它即将来临的时刻需要提醒。人可以自然而然地学会感官的享乐，却无法天生地掌握幸福的韵律。灵魂的快意同器官的舒适像一对孪生兄弟，时而相傍相依，时而南辕北辙。幸福是一种心灵的震颤。它像会聆听音乐的耳朵一样，需要不断地训练。

简而言之，幸福就是没有痛苦的时刻。它出现的频率并不像我们想象的那样少。人们常常只是在幸福的金马车已经驶过去很远时，才捡起地上的金鬃毛说，原来我见过它。人们喜爱回味幸福的标本，却忽略它披着露水散发清香的时刻。那时候我们往往步履匆匆，瞻前顾后不知在忙着什么。世上有预报台风的，有预报蝗灾的，有预报瘟疫的，有预报地震的。没有人预报幸福。其实幸福和世界万物一样，有它的征兆。

幸福常常是朦胧的，很有节制地向我们喷洒甘霖。你不要总希望轰轰烈烈的幸福，它多半只是悄悄地扑面而来。你也不要企图把水龙头拧得更大，那样它会很快地流失。你需要静静地以平和之心，体验它的真谛。幸福绝大多数是朴素的。它不会像信号弹似的，在很高的天际闪烁红色的光芒。它披着本色的外衣，亲切温暖地包裹起我们。幸福不喜欢喧嚣浮华，它常常在暗淡中降临。贫困中相濡以沫的一块糕饼，患难中心心相印的一个眼神，父亲一次粗糙的抚摸，女友一张温馨的字条……这都是千金难买的幸福啊。像一粒粒缀在旧绸子上的红宝石，在凄凉中愈发熠熠夺目。

作品 41 号 节选自刘燕敏《天才的造就》

在里约热内卢的一个贫民窟里，有一个男孩子，他非常喜欢足球，可是又买不起，于是就踢塑料盒，踢汽水瓶，踢从垃圾箱里捡来的椰子壳。他在胡同里踢，在能找到的任何一片空地上踢。有一天，当他在一处干涸的水塘里猛踢一个猪膀胱时，被一位足球教练看见了。他发现这个男孩儿踢得很像是那么回事，就主动提出要送给他一个足球。小男孩儿得到足球后踢得更卖劲了。

不久，他就能准确地把球踢进远处随意摆放的一个水桶里。圣诞节到了，孩子的妈妈说：“我们没有钱买圣诞礼物送给我们的恩人，就让我们为他祈祷吧。”小男孩儿跟随妈妈祈祷完毕，向妈妈要了一把铲子便跑了出去。他来到一座别墅前的花园里，开始挖坑。就在他快要挖好坑的时候，从别墅里走出一个人来，问小孩儿在干什么，孩子抬起满是汗珠的脸蛋儿，说：“教练，圣诞节到了，我没有礼物送给您，我愿给您的圣诞树挖一个树坑。”教练把小男孩儿从树坑里拉上来，说：“我今天得到了世界上最好的礼物。明天你就到我的训练场去吧。”三年后，这位十七岁的男孩儿在第六届足球锦标赛上独进二十一球，为巴西第一次捧回了金杯。一个原来不为世人所知的名字——贝利，随之传遍世界。

作品 42 号 节选自［法］罗曼·加里《我的母亲独一无二》

记得我十三岁时，和母亲住在法国东南部的耐斯城。母亲没有丈夫，也没有亲戚，够清苦的，但她经常能拿出令人吃惊的东西，摆在我面前。她从来不吃肉，一再说自己是素食者。然而有一天，我发现母亲正仔细地用一小块碎面包擦那给我煎牛排用的油锅。我明白了她称自己为素食者的真正原因。

我十六岁时，母亲成了耐斯市美蒙旅馆的女经理。这时，她更忙碌了。一天，她瘫在椅子上，脸色苍白，嘴唇发灰。马上找来医生，作出诊断：她摄取了过多的胰岛素。直到这时我才知道母亲多年一直对我隐瞒的病痛——糖尿病。她的头歪向枕头一边，痛苦地用手抓挠胸口。床架上方，则挂着一枚我一九三二年赢得耐斯市少年乒乓球冠军的银质奖章。啊，是对我的美好前途的憧憬支撑着她活下去，为了给她那荒唐的梦至少加一点真实的色彩，我只能继续努力，与时间竞争，直至一九三八年我被征入空军。巴黎很快失陷，我辗转调到英国皇家空军。刚到英国就接到了母亲的来信。这些信息是由在瑞士的一个朋友秘密地转到伦敦，送到我手中的。

现在我要回家了，胸前佩戴着醒目的绿黑两色的解放十字绶带，上面挂着五六枚我终生难忘的勋章，肩上还佩戴着军官肩章。到达旅馆时，没有一个人跟我打招呼。原来，我母亲在三年半以前就已经离开人间了。在她死前的几天中，她写了近二百五十封信，把这些信交给她在瑞士的朋友，请这个朋友定时寄给我。就这样，在母亲死后的三年半的时间里，我一直从她身上吸取着力量和勇气——这使我能够继续战斗到胜利那一天。

作品 43 号 节选自［波兰］玛丽·居里《我的信念》，剑捷译

生活对于任何人都非易事，我们必须有坚韧不拔的精神。最要紧的，还是我们自己要有信心。我们必须相信，我们对每一件事情都具有天赋的才能，并且，无论付出任何代价，都要把这件事完成。当事情结束的时候，你要能问心无愧地说：“我已经尽我所能了。”

有一年的春天，我因病被迫在家里休息数周。我注视着我的女儿们所养的蚕正在结茧，这使我很感兴趣。望着这些蚕执着地、勤奋地工作，我感到我和它们非常相似。像它们一样，我总是耐心地把自己的努力集中在一个目标上。我之所以如此，或许是因为有某种力量在鞭策着我——正如蚕被鞭策着去结茧一般。

近五十年来，我致力于科学研究，而研究，就是对真理的探讨。我有许多美好快乐的记忆。少女时期我在巴黎大学，孤独地过着求学的岁月；在后来献身科学的整个时期，我丈夫和我专心致志，像在梦幻中一般，坐在简陋的书房里艰辛地研究，后来我们就在那里发现了镭。我永远追求安静的工作和简单的家庭生活。为了实现这个理想，我竭力保持宁静的环境，以免受人事的干扰和盛名的拖累。我深信，在科学方面我们有对事业而不是对财富的兴趣。我的唯一奢望是在一个自由国家中，以

一个自由学者的身份从事研究工作。我一直沉醉于世界的优美之中，我所热爱的科学也不断增加它崭新的远景。我认定科学本身就具有伟大的美。

作品44号 节选自《中考语文课外阅读试题精选》中《西部文化和西部开发》

中国西部我们通常是指黄河与秦岭相连一线以西，包括西北和西南的十二个省、市、自治区。这块广袤的土地面积为五百四十六万平方公里，占国土总面积的百分之五十七；人口二点八亿，占全国总人口的百分之二十三。西部是华夏文明的源头。华夏祖先的脚步是顺着水边走的：长江上游出土过元谋人牙齿化石，距今约一百七十万年；黄河中游出土过蓝田人头盖骨，距今约七十万年。这两处古人类都比距今约五十万年的北京猿人资格更老。

西部地区是华夏文明的重要发源地，秦皇汉武以后，东西方文化在这里交汇融合，从而有了丝绸之路的驼铃声声，佛院深寺的晨钟暮鼓。敦煌莫高窟是世界文化史上的一个奇迹，它在继承汉晋艺术传统的基础上，形成了自己兼收并蓄的恢宏气度，展现出精美绝伦的艺术形式和博大精深的文化内涵。秦始皇兵马俑、西夏王陵、楼兰古国、布达拉宫、三星堆、大足石刻等历史文化遗产，同样为世界所瞩目，成为中华文化重要的象征。

西部地区又是少数民族及其文化的集萃地，几乎包括了我国所有的少数民族。在一些偏远的少数民族地区，仍保留了一些久远时代的艺术品种，成为珍贵的活化石，如纳西古乐、戏曲、剪纸、刺绣、岩画等民间艺术和宗教艺术。特色鲜明，丰富多彩，犹如一个巨大的民族民间文化艺术宝库。我们要充分重视和利用这些得天独厚的资源优势，建立良好的民族民间文化生态环境，为西部大开发作出贡献。

作品45号 节选自王蒙《喜悦》

高兴，这是一种具体的被看得到摸得着的事物所唤起的情绪。它是心理的，更是生理的。它容易来也容易去，谁也不应该对它视而不见失之交臂，谁也不应该总是做那些使自己不高兴也使旁人不高兴的事。让我们说一件最容易做也最令人高兴的事吧，尊重你自己，也尊重别人，这是每一个人的权利，我还要说这是每一个人的义务。快乐，它是一种富有概括性的生存状态，工作状态。它几乎是先验的，它来自生命本身的活力，来自宇宙、地球和人间的吸引，它是世界的丰富、绚丽、阔大、悠久的体现。快乐还是一种力量，是埋在地下的根脉。消灭一个人的快乐比挖掘掉一棵大树的根本难得多。欢欣，这是一种青春的，诗意的情感。它来自面向着未来伸开双臂奔跑的冲力，它来自一种轻松而又神秘，朦胧而又隐秘的激动，它是激情即将到来的预兆，它又是大雨过后的比下雨还要美妙得多也久远得多的回味……

喜悦，它是一种带有形而上色彩的修养和境界。与其说它是一种情绪，不如说它是一种智慧，一种超拔，一种悲天悯人的宽容和理解，一种饱经沧桑的充实和自信，一种光明的理性，一种坚定的成熟，一种战胜了烦恼和庸俗的清明澄澈。它是一潭清水，它是一抹朝霞，它是无边的平原，它是沉默的地平线，多一点儿，再多一点儿喜悦吧，它是翅膀，也是归巢。它是一杯美酒，也是一朵永远开不败的莲花。

作品46号 节选自舒乙《香港：最贵的一棵树》

在湾仔，香港最热闹的地方，有一棵榕树，它是最贵的一棵树，不光在香港，在全世界，都是最贵的。树，活的树，又不卖何言其贵 只因它老，它粗，是香港百年沧桑的活见证，香港人不忍看着它被砍伐，或者被移走，便跟要占用这片山坡的建筑者谈条件：可以在这儿建大楼盖商厦，但一不准砍树，二不准挪树，必须把它原地精心养起来，成为香港闹市中的一景。太古大厦的建设者最后签了合同，占用这个大山坡建豪华商厦的先决条件是同意保护这棵老树。

树长在半山坡上，计划将树下面的成千上万吨山石全部掏空取走，腾出地方来盖楼，把树架在大楼上面，仿佛它原本是长在楼顶上似的。建设者就地造了一个直径十八米，深十米的大花盆，先固定好这棵老树，再在大花盆底下盖楼。光这一项就花了两千三百八十九万港币，堪称是最昂贵的保护措施了。太古大厦落成之后，人们可以乘滚动扶梯一次到位，来到太古大厦的顶层，出后门，那儿是一片自然景色。一棵大树出现在人们面前，树干有一米半粗，树冠直径足有二十多米，独木成林，非常壮观，形成一座以它为中心的小公园，取名叫榕圃。树前面插着铜牌，说明缘由。此情此景，如不看铜牌的说明，绝对想不到巨树根底下还有一座宏伟的现代大楼。

作品 47 号 节选自巴金《鸟的天堂》

我们的船渐渐地逼近榕树了：我有机会看清它的真面目：是一棵大树，有数不清的丫枝，枝上又生根，有许多根一直垂到地上，伸进泥土里。一部分树枝垂到水面，从远处看，就像一棵大树斜躺在水面上一样。现在正是枝繁叶茂的时节。这棵榕树好像在把它的全部生命力展示给我们看。那么多的绿叶，一簇堆在另一簇的上面，不留一点儿缝隙。翠绿的颜色明亮地在我们的眼前闪耀，似乎每一片树叶上都有一个新的生命在颤动，这美丽的南国的树！船在树下泊了片刻，岸上很湿，我们没有上去。朋友说这里是鸟的天堂，有许多鸟在这棵树上做窝，农民不许人去捉它们。

我仿佛听见几只鸟扑翅的声音，但是等到我的眼睛注意地看那里时，我却看不见一只鸟的影子，只有无数的树根立在地上，像许多根木桩。地是湿的，大概涨潮时河水常常冲上岸去。鸟的天堂里没有一只鸟，我这样想到。船开了，一个朋友拨着船，缓缓地流到河中间去。第二天，我们划着船到一个朋友的家乡去，就是那个有山有塔的地方。从学校出发，我们又经过那鸟的天堂。这一次是在早晨，阳光照在水面上，也照在树梢上。一切都显得非常光明。我们的船也在树下泊了片刻。起初四周围非常清静。后来忽然起了一声鸟叫。我们把手一拍，便看见一只大鸟飞了起来，接着又看见第二只，第三只。我们继续拍掌，很快地这个树林就变得很热闹了。到处都是鸟声，到处都是鸟影。大的，小的，花的，黑的，有的站在枝上叫，有的飞起来，在扑翅膀。

作品 48 号 节选自夏衍《野草》

有这样一个故事。有人问：世界上什么东西的气力最大？回答纷纭得很，有的说“象”，有的说“狮”，有人开玩笑似的说：是“金刚”，金刚有多少气力，当然大家全不知道。结果，这一切答案完全不对，世界上气力最大的，是植物的种子。一粒种子所可以显现出来的力，简直是超越一切。人的头盖骨，结合得非常致密与坚固，生理学家和解剖学者用尽了一切的方法，要把它完整地分出来，都没有这种力气。后来忽然有人发明了一个方法，就是把一些植物的种子放在要剖析的头盖骨里，给它以温度与湿度，使它发芽。一发芽，这些种子便以可怕的力量，将一切机械力所不能分开的骨骼，完整地分开了。植物种子的力量之大，如此如此。

这，也许特殊了一点儿，常人不容易理解。那么，你看见过笋的成长吗 你看见过被压在瓦砾和石块下面的一棵小草的生长吗 它为着向往阳光，为着达成它的生之意志，不管上面的石块如何重，石与石之间如何狭，它必定要曲曲折折地，但是顽强不屈地透到地面上来。它的根往土壤钻，它的芽往地面挺，这是一种不可抗拒的力，阻止它的石块，结果也被它掀翻，一粒种子的力量之大，如此如此。没有一个人将小草叫做“大力士”，但是它的力量之大，的确是世界无比。这种力是一般人看不见的生命力。只要生命存在，这种力就要显现。上面的石块，丝毫不足以阻挡。因为它是一种“长期抗战”的力；有弹性，能屈能伸的力；有韧性，不达目的不止的力。

作品 49 号 节选自张玉庭《一个美丽的故事》

有个塌鼻子的小男孩儿，因为两岁时得过脑炎，智力受损，学习起来很吃力。打个比方，别人写作文能写二三百字，他却只能写三五行。但即便这样的作文，他同样能写得很动人。那是一次作文课，题目是《愿望》。他极其认真地想了半天，然后极认真地写，那作文极短。只有三句话：我有两个愿望，第一个是，妈妈天天笑眯眯地看着我说：“你真聪明。”第二个是，老师天天笑眯眯地看着我说：“你一点儿也不笨。”于是，就是这篇作文，深深地打动了他的老师，那位妈妈式的老师不仅给了他最高分，在班上带感情地朗读了这篇作文，还一笔一画地批道：你很聪明，你的作文写得非常感人，请放心，妈妈肯定会格外喜欢你的，老师肯定会格外喜欢你的，大家肯定会格外喜欢你的。

捧着作文本，他笑了，蹦蹦跳跳地回家了，像只喜鹊。但他并没有把作文本拿给妈妈看，他是在等待，等待着一个美好的时刻。那个时刻终于到了，是妈妈的生日——一个阳光灿烂的星期天。那天，他起得特别早，把作文本装在一个亲手做的美丽的大信封里，等着妈妈醒来。妈妈刚刚睁眼醒来，他就笑眯眯地走到妈妈跟前说：“妈妈，今天是您的生日，我要送给您一件礼物。”果然，看着这篇作文，妈妈甜甜地涌出了两行热泪，一把搂住小男孩儿，搂得很紧很紧。是的，智力可以受损，但爱永远不会。

作品 50 号 节选自苦伶《永远的记忆》

小学的时候，有一次我们去海边远足，妈妈没有做便饭，给了我十块钱买午餐。好像走了很久，很久，终于到海边了，大家坐下来便吃饭，荒凉的海边没有商店，我一个人跑到防风林外面去，级任老师要大家把吃剩的饭菜分给我一点儿。有两三个男生留下一点儿给我，还有一个女生，她的米饭拌了酱油，很香。我吃完的时候，她笑眯眯地看着我，短头发，脸圆圆的。她的名字叫翁香玉。每天放学的时候，她走的是经过我们家的一条小路，带着一位比她小的男孩儿，可能是弟弟。小路边是一条清澈见底的小溪，两旁竹阴覆盖，我总是远远地跟在她后面，夏日的午后特别炎热，走到半路她会停下来，拿手帕在溪水里浸湿，为小男孩儿擦脸。我也在后面停下来，把肮脏的手帕弄湿了擦脸，再一路远远跟着她回家。

后来我们家搬到镇上去了，过几年我也上了中学。有一天放学回家，在火车上，看见斜对面一位短头发，圆圆脸的女孩儿，一身素净的白衣黑裙。我想她一定不认识我了。火车很快到站了，我随着人群挤向门口，她也走近了，叫我的名字。这是她第一次和我说话。她笑眯眯的，和我一起走过月台。以后就没有再见过她了。这篇文章收在我出版的《少年心事》这本书里。书出版后半年，有一天我忽然收到出版社转来的一封信，信封上是陌生的字迹，但清楚地写着我的本名。信里面说她看到了这篇文章心里非常激动，没想到在离开家乡，漂泊异地这么久之后，会看见自己仍然在一个人的记忆里，她自己也深深记得其中的每一幕，只是没想到越过遥远的时空，竟然另一个人也深深记得。

作品 51 号 节选自小学《语文》第六册中《语言的魅力》

在繁华的巴黎大街的路旁，站着一个衣衫褴褛，头发斑白，双目失明的老人。他不像其他乞丐那样伸手向过路行人乞讨，而是在身旁立一块木牌，上面写着：我什么也看不见！街上过往的行人很多，看了木牌上的字都无动于衷，有的还淡淡一笑，便姗姗而去了。这天中午，法国著名诗人让·彼浩勒也经过这里。他看看木牌上的字，问盲老人："老人家，今天上午有人给你钱吗？"盲老人叹息着回答："我，我什么也没有得到。"说着，脸上的神情非常悲伤。让·彼浩勒听了，拿起笔悄悄地在那行字的前面添上了"春天到了，可是"几个字，就匆匆地离开了。晚上，让·彼浩勒又经过这里，问那个盲老人下午的情况。

盲老人笑着回答说："先生，不知为什么，下午给我钱的人多极了！"让·彼浩勒听了，摸着胡子满意地笑了。"春天到了，可是我什么也看不见！"这富有诗意的语言，产生这么大的作用，就在于它有非常浓厚的感情色彩。是的，春天是美好的，那蓝天白云，那绿树红花，那莺歌燕舞，那流水人家，怎么不叫人陶醉呢？但这良辰美景，对于一个双目失明的人来说，只是一片漆黑。当人们想到这个盲老人，一生中竟连万紫千红的春天都不曾看到，怎能不对他产生同情之心呢？

作品 52 号 节选自蒲昭和《赠你四味长寿药》

有一次，苏东坡的朋友张鹗拿着一张宣纸来求他写一幅字，而且希望他写一点儿关于养生方面的内容。苏东坡思索了一会儿，点点头说："我得到了一个养生长寿古方，药只有四味，今天就赠给你吧。"于是，东坡的狼毫在纸上挥洒起来，上面写着："一曰无事以当贵，二曰早寝以当富，三曰安步以当车，四曰晚食以当肉。"这哪里有药？张鹗一脸茫然地问。苏东坡笑着解释说，养生长寿的要诀，全在这四句里面。所谓"无事以当贵"，是指人不要把功名利禄、荣辱过失考虑得太多，如能在情志上潇洒大度，随遇而安，无事以求，这比富贵更能使人终其天年。"早寝以当富"，指吃好穿好、财货充足，并非就能使你长寿。对老年人来说，养成良好的起居习惯，尤其是早睡早起，比获得任何财富更加宝贵。"安步以当车"，指人不要过于讲求安逸、肢体不劳，而应多以步行来替代骑马乘车，多运动才可以强健体魄、通畅气血。"晚食以当肉"，意思是人应该用已饥方食、未饱先止代替对美味佳肴的贪吃无厌。他进一步解释，饿了以后才进食，虽然是粗茶淡饭，但其香甜可口会胜过山珍；如果饱了还要勉强吃，即使美味佳肴摆在眼前也难以下咽。

苏东坡的四味长寿药，实际上是强调了情志、睡眠、运动、饮食四个方面对养生长寿的重要性，这种养生观点即使在今天仍然值得借鉴。

作品 53 号 节选自［美］本杰明·拉什《站在历史的枝头微笑》

人活着，最要紧的是寻觅到那片代表着生命绿色和人类希望的丛林，然后选一高高的枝头站在那里观览人生，消化痛苦，孕育歌声，愉悦世界！这可真是一种潇洒的人生态度，这可真是一种心境爽朗的情感风貌。站在历史的枝头微笑，可以减免许多烦恼。在那里，你可以从众生相所包含的甜酸苦辣、百味人生中寻找你自己；你境遇中的那点儿苦痛，也许相比之下，再也难以占据一席之地；你会较容易地获得从不悦中解脱灵魂的力量，使之不致变得灰色。

人站得高些，不但能有幸早些领略到希望的曙光，还能有幸发现生命的立体的诗篇。每一个人的人生，都是这诗篇中的一个词，一个句子或者一个标点。你可能没有成为一个美丽的词，一个引人注目的句子，一个惊叹号，但你依然是这生命的立体诗篇中的一个音节，一个停顿，一个必不可少的组成部分。这足以使你放弃前嫌，萌生为人类孕育新的歌声的兴致，为世界带来更多的诗意。

最可怕的人生见解，是把多维的生存图景看成平面。因为那平面上刻下的大多是凝固了的历史——过去的遗迹；但活着的人们，活的却是充满着新生智慧的，由不断逝去的现在组成的未来。人生不能像某些鱼类躺着游，人生也不能像某些兽类爬着走，而应该站着向前行，这才是人类应有的生存姿态。

作品 54 号 节选自《中国的宝岛——台湾》

中国的第一大岛、台湾省的主岛台湾，位于中国大陆架的东南方，地处东海和南海之间，隔着台湾海峡和大陆相望。天气晴朗的时候，站在福建沿海较高的地方，就可以隐隐约约地望见岛上的高山和云朵。台湾岛形状狭长，从东到西，最宽处只有一百四十多公里；由南至北，最长的地方约有三百九十多公里。地形像一个纺织用的梭子。台湾岛上的山脉纵贯南北，中间的中央山脉犹如全岛的脊梁。西部为海拔近四千米的玉山山脉，是中国东部的最高峰。全岛约有三分之一的地方是平地，其余为山地。岛内有缎带般的瀑布，蓝宝石似的湖泊，四季常青的森林和果园，自然景色十分优美。西南部的阿里山和日月潭，台北市郊的大屯山风景区，都是闻名世界的游览胜地。

台湾岛地处热带和温带之间，四面环海，雨水充足，气温受到海洋的调剂，冬暖夏凉，四季如春，这给水稻和果木生长提供了优越的条件。水稻，甘蔗，樟脑是台湾的“三宝”。岛上还盛产鲜果和鱼虾。台湾岛还是一个闻名世界的“蝴蝶王国”。岛上的蝴蝶共有四百多个品种，其中有不少是世界稀有的珍贵品种。岛上还有不少鸟语花香的蝴蝶谷，岛上居民利用蝴蝶制作的标本和艺术品，远销许多国家。

作品 55 号 节选自小思《中国的牛》

对于中国的牛，我有着一种特别尊敬的感情。留给我印象最深的，要算在田垄上的一次“相遇”。一群朋友郊游，我领头在狭窄的阡陌上走，怎料迎面来了几头耕牛，狭道容不下人和牛，终有一方要让路。它们还没有走近，我们已经预计斗不过畜生，恐怕难免踩到田地泥水里，弄得鞋袜又泥又湿了。正踟蹰的时候，带头的一头牛，在离我们不远的地方停下来，抬起头看看，稍迟疑一下，就自动走下田去。一队耕牛，全跟着它离开阡陌，从我们身边经过。我们都呆了，回过头来，看着深褐色的牛队，在路的尽头消失，忽然觉得自己受了很大的恩惠。中国的牛，永远沉默地为人做着沉重的工作。

在大地上，在晨光或烈日下，它拖着沉重的犁，低头一步又一步，拖出了身后一列又一列松土，好让人们下种。等到满地金黄或农闲时候，它可能还得担当搬运负重的工作；或终日绕着石磨，朝同一方向，走不计程的路。在它沉默的劳动中，人便得到应得的收成。那时候，也许，它可以松一肩重担，站在树下，吃几口嫩草。偶尔摇摇尾巴，摆摆耳朵，赶走飞附身上的苍蝇，已经算是它最闲适的生活了。中国的牛，没有成群奔跑的习惯，永远沉沉实实地，默默地工作，平心静气。这就是中国的牛！

作品 56 号 节选自老舍《住的梦》

不管我的梦想能否成为事实，说出来总是好玩儿的：春天，我将要住在杭州。二十年前，旧历的二月初，在西湖我看见了嫩柳与菜花，碧浪与翠竹。由我看到的那点儿春光，已经可以断定，杭州的春天必定会教人整天生活在诗与图画之中。所以，春天我的家应当是在杭州。夏天，我想青城山应当算作最理想的地方。在那里，我虽然只住过十天，可是它的幽静已拴住了我的心灵。在我所看见过的山水中，只有这里没有使我失望。到处都是绿，目之所及，那片淡而光润的绿色都在轻轻地颤动，仿佛要流入空中与心中似的。这个绿色会像音乐，涤清了心中的万虑。

秋天一定要住北平。天堂是什么样子，我不知道，但是从我的生活经验去判断，北平之秋便是天堂。论天气，不冷不热。论吃的，苹果、梨、柿子、枣儿、葡萄，每样都有若干种。论花草，菊花种类之多，花式之奇，可以甲天下。西山有红叶可见，北海可以划船——虽然荷花已残，荷叶可还有一片清香。衣食住行，在北平的秋天，是没有一项不使人满意的。冬天，我还没有打好主意，成都或者相当的合适，虽然并不怎样和暖，可是为了水仙，素心腊梅，各色的茶花，仿佛就受一点儿寒冷，也颇值得去了。昆明的花也多，而且天气比成都好，可是旧书铺与精美而便宜的小吃远不及成都那么多。好吧，就暂这么规定：冬天不住成都便住昆明吧。在抗战中，我没能发国难财。我想，抗战胜利以后，我必能阔起来。那时候，假若飞机减价，一二百元就能买一架的话，我就自备一架，择黄道吉日慢慢地飞行。

作品 57 号 节选自宗璞《紫藤萝瀑布》

我不由得停住了脚步。从未见过开得这样盛的藤萝，只见一片辉煌的淡紫色，像一条瀑布，从空中垂下，不见其发端，也不见其终极，只是深深浅浅的紫，仿佛在流动，在欢笑，在不停地生长。紫色的大条幅上，泛着点点银光，就像迸溅的水花。仔细看时，才知道那是每一朵紫花中的最浅淡的部分，在和阳光互相挑逗。这里除了光彩，还有淡淡的芳香。香气似乎也是浅紫色的，梦幻一般轻轻地笼罩着我。忽然记起十多年前，家门外也曾有过一大株紫藤萝，它依傍一株枯槐爬得很高，但花朵从来都稀落，东一穗西一串伶仃地挂在树梢，好像在察言观色，试探什么。后来索性连那稀零的花串也没有了。园中别的紫藤花架也都拆掉，改种了果树。那时的说法是，花和生活腐化有什么必然关系。我曾遗憾地想：这里再看不见藤萝花了。

过了这么多年，藤萝又开花了，而且开得这样盛，这样密，紫色的瀑布遮住了粗壮的盘虬卧龙般的枝干，不断地流着，流着，流向人的心底。花和人都会遇到各种各样的不幸，但是生命的长河是无止境的。我抚摸了一下那小小的紫色的花舱，那里满装了生命的酒酿，它张满了帆，在这闪光的花的河流上航行。它是万花中的一朵，也正是由每一个一朵，组成了万花灿烂的流动的瀑布。在这浅紫色的光辉和浅紫色的芳香中，我不觉加快了脚步。

作品58号 节选自林光如《最糟糕的发明》

在一次名人访问中，被问及上个世纪最重要的发明是什么时，有人说是电脑，有人说是汽车，等等。但新加坡的一位知名人士却说是冷气机。他解释，如果没有冷气，热带地区如东南亚国家，就不可能有很高的生产力，就不可能达到今天的生活水准。他的回答实事求是，有理有据。 看了上述报道，我突发奇想：为什么没有记者问：“二十世纪最糟糕的发明是什么？”其实二〇〇二年十月中旬，英国的一家报纸就评出了“人类最糟糕的发明”。

获此“殊荣”的，就是人们每天大量使用的塑料袋。诞生于上个世纪三十年代的塑料袋，其家族包括用塑料制成的快餐饭盒、包装纸、餐用杯盘、饮料瓶、酸奶杯、雪糕杯等等。这些废弃物形成的垃圾，数量多、体积大、重量轻、不降解，给治理工作带来很多技术难题和社会问题。比如，散落在田间，路边及草丛中的塑料餐盒，一旦被牲畜吞食，就会危及健康甚至导致死亡。填埋废弃塑料袋、塑料餐盒的土地，不能生长庄稼和树木，造成土地板结，而焚烧处理这些塑料垃圾，则会释放出多种化学有毒气体，其中一种称为二恶英的化合物，毒性极大。此外，在生产塑料袋、塑料餐盒的过程中使用的氟利昂，对人体免疫系统和生态环境造成的破坏也极为严重。

附录2　国家普通话水平测试样卷

样　卷(一)

一、读单音节字词(100个音节,共10分,限时3.5分钟)

吃	破	趋	脸	歪	堂	擦	台	酸	寝
下	擎	海	批	伞	淮	揪	月	抓	直
增	挪	典	跳	摸	浆	圆	凤	霜	吼
隶	准	聂	捐	醉	绒	案	颌	税	领
掉	吹	耳	固	此	贤	要	培	摄	牙
旷	北	潜	略	庄	壤	科	沈	袍	彻
恩	秒	瞒	窘	囊	赚	痒	绕	王	字
云	裤	婚	团	稳	圣	草	憋	暖	艘
斜	府	菊	训	踱	仓	屡	您	笨	毛
爸	期	谬	粉	俗	标	茶	胸	懂	沟

二、读多音节词语(100个音节,共20分,限时2.5分钟)

恰当	完全	妇女	麦子	不良	旅馆	
外界	人员	日历	胡同儿	牛顿	爽朗	
训练	围嘴儿	飞快	飘然	意思	深奥	
病榻	小丑	因而	下马	少年	手工业	
夸张	退化	村庄	蛋黄儿	上层	明天	
窘迫	疟疾	干燥	地球	打算	跟前	
排斥	政策	军用	佛经	挨个儿	课程	
抓获	疮疤	开垦	作战	新娘	学说	青霉素

三、朗读短文(400个音节,共30分,限时4分钟)

我爱月夜,但我也爱星天。从前在家乡七八月的夜晚在庭院里纳凉的时候,我最爱看天上密密麻麻的繁星。望着星天,我就会忘记一切,仿佛回到了母亲的怀里似的。

三年前在南京我住的地方有一道后门,每晚我打开后门,便看见一个静寂的夜。下面是一片菜园,上面是星群密布的蓝天。星光在我们的肉眼里虽然微小,然而它使我们觉得光明无处不在。那时候我正在读一些天文学的书,也认得一些星星,好像它们就是我的朋友,它们常常在和我谈话一样。

如今在海上,每晚和繁星相对,我把它们认得很熟了。我躺在舱面上,仰望天空。深蓝色的天空里悬着无数半明半昧的星。船在动,星也在动,它们是这样低,真是摇摇欲坠呢！渐渐地我的眼睛模糊了，我好像看见无数萤火虫在我的周围飞舞。海上的夜是柔和的，是静寂的，是梦幻的。我望着许多认识的星，我仿佛看见它们在对我眨眼，我仿佛听见它们在小声说话。这时我忘记了一切。在星的怀抱中我微笑着，我沉睡着。我觉得自己是一个小孩子，现在睡在母亲的怀里了。

有一夜，那个在哥伦波上船的英国人指给我看天上的巨人。他用手指着：……

四、命题说话（请在下列话题中任选一个，共 30 分，限时 3 分钟）

1. 谈谈服饰
2. 我知道的风俗

样　卷（二）

一、读单音节字词（100 个音节，共 10 分，限时 3.5 分钟）

码	瀑	神	特	喘	浓	鸥	独	讲	幸
熔	下	厅	渠	箭	贼	训	德	顺	表
盆	氧	志	膜	妆	圆	耕	虎	搓	袄
歪	碳	疯	雄	寡	穷	我	四	绺	抻
你	屯	脸	获	裁	党	凿	康	自	萍
捆	稻	花	铝	杀	拂	津	管	踹	仿
而	秆	磷	宗	脖	睁	候	捐	纳	挥
改	云	写	前	桂	筛	闰	吹	越	彼
廓	宾	怯	久	贝	拢	涩	椎	镭	吃
洒	端	牙	眯	惨	飘	却	汪	疼	庙

二、读多音节词语（100 个音节，共 20 分，限时 2.5 分钟）

昂首	沙发	火车	西欧	死板	刷新
传染病	天体	胶片	邮戳儿	线圈	咳嗽
大娘	土匪	快乐	增长	掉价儿	青蛙
落日	从而	冠军	捐款	占用	老爷
配合	主人翁	上层	党委	佛像	荒谬
红包儿	波谷	另外	分泌	存在	案子
恰如	公民	虐待	光照	旦角儿	撇开
群众	闺女	亏损	英雄	区域	海市蜃楼

三、朗读短文（400 个音节，共 30 分，限时 4 分钟）

读小学的时候，我的外祖母去世了。外祖母生前最疼爱我，我无法排除自己的忧伤，每天在学校的操场上一圈儿又一圈儿地跑着，跑得累倒在地上，扑在草坪上痛哭。

那哀痛的日子，断断续续地持续了很久，爸爸妈妈也不知道如何安慰我。他们知道与其骗我说外祖母睡着了，还不如对我说实话：外祖母永远不会回来了。

“什么是永远不会回来呢？”我问着。

“所有时间里的事物，都永远不会回来。你的昨天过去，它就永远变成昨天，你不能再回到昨天。爸爸以前也和你一样小，现在也不能回到你这么小的童年了；有一天你会长大，你会像外祖母一样老；有一天你度过了你的时间，就永远不会回来了。”爸爸说。

爸爸等于给我一个谜语，这谜语比课本上的“日历挂在墙壁，一天撕去一页，使我心里着急”和“一寸光阴一寸金，寸金难买寸光阴”还让我感到可怕；也比作文本上的“光阴似箭，日月如梭”更让我觉得有一种说不出的滋味。

时间过得那么飞快，使我的小心眼儿里不只是着急，还有悲伤。有一天我放学回家，看到太阳快落山了，就下决心说：“我要比太阳更快地回家。”我狂奔回去，站在庭院前喘气的时候，看到太阳……

四、命题说话（请在下列话题中任选一个，共 30 分，限时 3 分钟）

1. 我的愿望（或理想）

2. 学习普通话的体会

参考文献

[1] 代晓冬 . 普通话语音与口语表达训练教程 [M]. 成都：西南交通大学出版社，2012.

[2] 国家语言文字工作委员会普通话培训测试中心 . 普通话水平测试实施纲要 [M]. 北京：商务印书馆，2004.

[3] 宋欣桥 . 普通话语音训练教程 [M]. 北京：商务印书馆，2004.

[4] 宋欣桥 . 普通话水平测试员实用手册 [M]. 北京：商务印书馆，2010.

[5] 王晖 . 普通话水平测试阐要 [M]. 北京：商务印书馆，2013.

[6] 王浩，代晓冬 . 四川方言区普通话训练教程 [M]. 天津：南开大学出版社，2018.

[7] 杨小锋 . 普通话技能训练教程 [M]. 重庆：重庆大学出版社，2001.

[8] 杨小锋，兰玉英，陆嘉懿 . 普通话水平测试实用教程 [M]. 成都：四川大学出版社，2012.

[9] 中国社会科学院语言研究所词典编辑室 . 现代汉语词典 [M].7 版 . 北京：商务印书馆，2016.